# 다 경
## (茶 經)

陸 羽 지음
朴 良 淑 해역

자유문고

# 『다경(茶經)』이란 어떤 책인가?

『다경(茶經)』은 세계 최초의 다서(茶書 : 차에 관한 책)로 옛날부터 다인(茶人 : 차를 달이는 명인(名人))이 되려면 반드시 읽어야 하는 다도(茶道)의 경전이다.

『다경(茶經)』의 저자인 육우(陸羽)는 그의 집안 내력이 자세하지 않다. 옛 기록에 따르면 경릉(竟陵)에 어떤 스님이 물가에 버려진 아이를 얻어 길렀다고도 한다.

일설에는 그가 성장했을 때 『주역』으로 점을 쳤는데 건지점(蹇之漸)의 괘를 얻었고 그 점괘의 괘사에서 '홍점우육·우가용위의(鴻漸于陸 羽可用爲儀)'라는 글귀를 얻어 성(姓)과 이름과 자(字)를 가지게 되었다고도 한다. 이것을 보면 육우는 고아였음이 분명하다.

이처럼 육우는 그의 출생이 불분명하지만 그는 집념의 사나이였다.

집념이 강한 그였기에 차에 대해 애정을 갖기 시작하면서 차에 대한 경(經)을 짓기에 이른 것 같다.

이 『다경』은 차(茶)의 전문서이며 차와 인간이 처음으로 문화적으로 대화한 기록이기도 하다.

그런 의미에서 『다경』
은 중국 문화의 양식(良
識)을 대표하는 책의
하나라고 할 수 있을 것
이다.

이 책이 저술됨으로써
비로소 차와 융화(融
和)되어 살아가는 인간
의 생활방식이 본격적으
로 솔직하게 다루어지게
된 것이다.

『다경』은 전문서, 특
히 실용도서였음에도 불
구하고 중국의 문화사상
(文化史上)의 고전(古

호북(湖北) 천문현(天門縣)에 있는
육우(陸羽)의 동상

典)으로서 받아들여진 까닭도 여기에 있다 하겠다.

책의 고전성(古典性)은 영원한 것이고, 인간의 양식(良識)
도 또한 영원하다. 그러면서도 경향적(傾向的)으로 영원성을
추구하면 쉽게 고전이 생겨난다는 것은 아니다.

고전에는 전후의 시대와 격절된 개성(個性)이 있고, 또 고
전은 그 고전을 낳은 시대의 인간의 마음을 대표한다.

『다경』은 당나라 사람들이 만들 필요가 있어서 만들고 당나
라 사람의 소산(所産)이기에 당나라 사람들에게 가장 걸맞는
대표적인 고전의 하나가 되는 것이다.

그런 뜻에서 『다경』은 통시적(通時的)인 중국인의 양식에

대한, 당나라 사람들의 양식의 대화(對話) 기록서이기도 하다. 『다경』이 당나라 사람들의 교양을 잘 구체화한 책으로서 소중하게 여겨지는 이유가 거기에 있다.

저자(著者)인 육우(陸羽)는 젊었을 때 연예인(演藝人)으로서의 훈련을 쌓아, 그 방면의 사람으로서 자타가 공인하는 인물이었다. 〈뒷면 136쪽 생애 참조〉

그런 사람이 어느날 그 사회에서 뛰쳐나와 문인(文人) 사회의 일원(一員)으로서 재편성(再編成)된 것이다.

『다경』의 기술(記述)이 구체적인 설명으로 되어있고 박진력이 있는 것은, 고전을 이룩한 그의 위대한 개성 중에서 마지막으로는 젊은 시절 연예인으로서의 훈련에 의해 쌓아올린 몸에 밴 것으로 여겨진다. 그러나 반드시 그것만은 아니다.

호주(湖州)의 자사(刺史 : 도지사)였으며 육우의 직접 상사(上司)였던 이계경(李季卿)이라고 하는, 지극히 고전주의적인 인물을 만난 사실을 생각하지 않으면 안된다. 그 다음은 피일휴(皮日休)라는 벗이다.

이 그림자처럼 언제나 육우를 보좌한 시인(詩人)이 아니었다면 육우는 문인 사회에 정착하지 못하였을 것이다.

그리고 어린시절 절에서 자란 어렴풋한 기억이다. 멀면 멀수록 그 기억은 확실하게 업적(業績)을 얽어맨다. 『다경』의 구지략(九之略)에 나타나는 사상은, 생각건대 이 일과 인연이 없지 않을 것이다.

『다경』은 전사(傳寫)되는 과정에서 3가지의 이본(異本)이 생겼으나 북송시대(北宋時代) 후기에 진사도(陳師道)라고 하는 학자가 유취(類聚)하여 오늘의 『다경』을 완성한 것이다.

그런 뜻에서 말한다면 『다경』을 중국 고전 문화사의 궤도에 올려놓은 매개자(媒介者)는 진사도라고 할 수 있다.

오늘의 『다경』이 진사도의 뜻에 의해 어느 정도로 개편되었는지 알 수 없다.

다만 재편성한 내용이 얼마만큼 육우의 기본 뜻을 담았는지는 알 수 없을지라도 현상(現狀)에서의 인식에 있어서는 당나라의 향취(香趣)를 잘 남기고 있다.

그런 뜻에서 『다경』은 송인(宋人)으로서는 가장 좋은 사람을 만난 행복한 고전이었다는 것을 단정지을 수 있는 것이다.

『다경』의 내용이 많지 않아 한 권의 책으로 만드는 데는 양이 부족한 것 같아 그 부록으로 『끽다양생기(喫茶養生記)』와 현대의 우리나라 사람들이 즐겨찾는 음료인 녹차와 커피를 겸하여 싣는다.

부록I 의 『끽다양생기』는 일본인인 영서선사(榮西禪師)의 저서이다.

중국 고전으로 분류하기에는 반드시 타당하다고는 할 수 없겠으나 일본 다서(茶書)의 선구(先驅)임과 함께 원문은 한문(漢文)으로 되어 있고 그 내용이 차의 효능을 상세하게 기록하였으므로 『다경(茶經)』의 부록으로 걸맞는다고 생각되어 감히 여기에 수록하기로 하였다.

그는 오부(五部)의 가지(加持)에 의한 내적(內的)인 치료법과 함께 오미(五味)의 섭취에 의한 외적(外的)인 치료법을 겸하여 결합시켜서 안과 밖 양면으로부터 하는 신체의 보전을 설명하였다.

여기에 불교인(佛敎人)으로서의 영서(榮西)의 면모(面貌)가 있다고 하겠다.

부록2에서는 우리의 설록차와 전통차, 또 근래에 우리의 차로 자리잡아 대다수 국민이 애호하는 커피의 대략도 기재해 본다.

이러한 것들이 『다경(茶經)』의 원저에 혹 누가 되지 않을까 송구한 마음도 있다.


이 번역본은 명덕출판사(明德出版社)의 『다경(茶經)』을 저본으로 하여 김명배(金明培) 씨의 『다경(茶經)』등을 참조하였음을 밝혀둔다.


1998년  11월

# 차 례

# 다경 중권(茶經中卷)… / 39

# 다경 하권(茶經下卷) / 69

# 다경 상권(茶經上卷)

만약 열나고 갈증이 나며
답답하고 번민하거나 머리가 아프거나
눈이 침침하거나 팔다리가 움직이기 귀찮거나
뼈 마디마디가 잘 펴지지 않거나
하는 데에는 4번이나 5번만 마시면
맛좋은 제호(醍醐)나 감로(甘露)와
어깨를 나란히 겨룰 만할 것이다.

# 1. 첫째, 차의 근원〔一之源〕

## 가. 아름다운 차나무

차라는 것은 남쪽에서 자라는
아름다운 나무이다. 그 높이는 한
자나 또는 두자 이상에서 수십자
에 이르기도 한다.

파산(巴山 : 지금의 중경(重京))
과 협천(峽川 : 지금의 보령부(保
寧府))에는 두 사람이 양쪽으로

차나무의 꽃

팔을 벌려 겨우 껴안을 만큼의 큰 나무가 있는데 가지를 쳐서
차잎을 거둔다.

　그 나무의 모양은 과로(瓜蘆 : 나무이름)와 같고 잎사귀는
치자(梔子)와 같고 꽃은 장미(薔薇)와 같고 열매는 병려(栟
櫚)와 같으며 꼭지는 정향(丁香)과 같고 뿌리는 호두와 같다.
〔과로(瓜蘆)나무는 중국의 광주(廣州)에서 나는데 차와 비슷하고
지극히 쓰고 떫다. 병려는 포규(蒲葵) 종류에 속하는데 그 씨앗이
차의 열매와 비슷하다. 호두와 차는 뿌리가 다 밑으로 퍼지는데 땅의
성분이 기와나 자갈들이 있는 곳에 이르게 되면 묘목은 땅위로 솟아

오른다.〕

차(茶)라는 글자는 혹은 풀초(艸)를 따르기도 하고 혹은 나무목(木)을 따르기도 하고 혹은 풀초와 나무목을 합하여 쓰기도 한다.〔'초두(艸)'를 따르면 마땅히 다(茶)자가 되며 그 글자는 『개원문자음의(開元文字音義)』란 책에 나온다. 나무목(木)을 따르면 마땅히 도(檟)자가 되며 그 글자는 『본초(本草)』에 나온다. 풀초와 나무목을 함께 한 것은 다(荼)자가 되는데 그 글자는 『이아(爾雅)』에 나와 있다.〕

그 이름은 첫째를 다(茶)라 하고 두번째를 가(檟)라 하고 셋째를 설(蔎)이라 하고 넷째를 명(茗)이라 하고 다섯째를 천(荈)이라 한다.

〔주공(周公)이 이르기를 '가(檟)는 고도(苦荼)이다.'라고 했으며 양집극(揚執戟)은 '촉(蜀)나라 서남쪽 사람들이 이르기를 다(茶)를 설(蔎)이라고 한다'고 했으며 곽홍농(郭弘農)은 '일찍 채취한 것은 다(茶)요, 늦게 채취한 것은 명(茗)이며 혹은 하나로 통일하여 천(荈)이라 한다.'고 했다.〕


茶[1]者 南方之嘉木也 一尺二尺 迺至數十尺 其巴山峽川[2] 有兩人合抱者 伐而掇之 其樹如瓜蘆[3] 葉如梔子[4] 花如白薔薇 實如栟櫚[5] 蒂如丁香[6] 根如胡桃[7] 〔瓜蘆木 出廣州似茶 至苦澁 栟櫚 蒲葵[8]之屬 其子似茶 胡桃與茶 根皆下孕 兆至瓦礫 苗木上抽〕

其字 或從草 或從木 或草木幷〔從艸當作茶 其字 出開元文字音義[9] 從木 當作檟 其字 出本草[10] 草木幷 作荼 其字 出爾雅[11]〕

其名 一曰茶 二曰檟 三曰蔎 四曰茗 五曰荈[12] 〔周公[13]云 檟苦荼 揚執戟[14]云 蜀西南人 謂茶曰蔎 郭弘農[15]云 早取爲茶 晚取爲茗 或

一曰荈耳〕

1) 茶(다) : 차나
   무. 일반적으로
   '차'로도 발음
   한다. 차나무는
   후피향나무과
   에 속하는 상
   록관목(常綠灌
   木)이며 어린

송(宋)나라 때 차를 달이는 모습

   잎을 따 차를 만든다.

2) 巴山峽川(파산협천) : 파산은 중국의 섬서성(陝西省)과 사천성(四川
   省)의 경계선에 동남쪽으로 뻗은 산맥의 하나로 주(周)나라 때는 파국
   (巴國), 한나라 때에는 파군(巴郡), 당(唐)나라 때에는 검남의 유주
   (幽州 : 지금의 중경(重京))지방을 말한다. 협천은 지금의 삼협(三
   峽 : 서능협, 황우협, 명월협)지방을 말하며 촉(蜀)나라의 옛터로 당
   (唐)나라 때에는 협주(峽州)라고 했다.

3) 瓜蘆(과로) : 중국의 광주(廣州)에서 자라는 나무이며 고로(皐蘆),
   고로(睪蘆), 고로(杲蘆), 과라(過蘿), 고등(苦蔊), 고평(苦平)이라고
   도 한다.

4) 梔子(치자) : 꼭두서니과에 속하는 상록관목. 열매에서 황적색의 물감
   을 취하며 또 약재로도 쓴다.

5) 栟櫚(병려) : 종려(棕櫚). 야자과에 속하는 상록교목(常綠喬木). 큰 잎
   은 부채살처럼 갈라졌으며 노르스름한 잔꽃은 종어(棕魚)라고 하며 요
   리에도 쓴다.

6) 丁香(정향) : 목서과(木犀科)에 속하는 낙엽관목. 열대에서 난다. 열매

는 향료로 쓰이며 약재로도 쓴다.

7) 胡桃(호도) : 호도과에 속하는 낙엽활엽교목. 또는 그 열매의 이름. 호
두열매.

8) 蒲葵(포규) : 야자과에 속하는 상록교목. 동인도지방이 원산지이다. 빈
랑(檳榔)나무.

9) 開元文字音義(개원문자음의) : 책 이름. 당(唐)나라 현종(玄宗 : 712~
755)의 명을 받들어 집현학사인 위포(衛包)가 개원(開元 : 현종의 연
호) 23년에 지은 30권의 저서이다. 그의 전부는 전하지 않는다. 그 한
부분에 육우(陸羽)가 다(茶)란 글자의 출전을 밝힌 것이 있다.

10) 本草(본초) : 책 이름. 식물이나 약재에 대한 학문. 곧 풀과 나무에 대
한 성질과 이름을 기록한 책.

11) 爾雅(이아) : 십삼경(十三經)의 하나로 가장 오래된 사전(辭典)이며
19권(十九卷)으로 되어 있다.

12) 茶檟蔎茗荈(다가설명천) : 다는 주1)에서 설명. 가(檟)는 『이아(爾
雅)』에서 '고도(苦荼)'라고 했다. 잎이 작고 치자와 같으며 겨울에 잎
을 말렸다가 국을 끓여 마신다. 지금 일찍이 채취한 것은 다(茶)라고
하고 늦게 채취한 것은 명(茗)이라 하고 일명 천(荈)이라고도 한다고
했다. 설(蔎)은 '향기롭다'이며 '차의 별칭'으로 명(茗)과 같이 부른
다. 명(茗)은 차의 이름이다. 차나무의 싹이며 그 잎을 따서 말린 것을
이른다. 천은 차나무의 늙은 잎으로 만든 차를 말한다.

13) 周公(주공) : 주(周)나라 문왕(文王)의 아들이며 무왕(武王)의 동생
인 주공단(周公旦)을 말한다.

14) 揚執戟(양집극) : 한(漢)나라의 양웅(揚雄 : B.C 53~A.D 18)을 말
한다. 양웅은 랑(郎)이라는 벼슬을 지냈는데 임무가 갈라진 창(戟)을
잡고 숙직하는 일이었으므로 집극(執戟)이라 불렀다. 저서로 『법언(法

言)』『태현경(太玄經)』등이 있다.

15) 郭弘農(곽홍농) : 동진(東晉) 원제(元帝) 때의 곽박(郭璞 : 276∼
    324)을 말한다. 『이아』를 주석하였고 그밖에도 『산해경』의 주석도 하였
    으며 박학다식하고 시와 부를 잘했다. 죽은 후에 홍농태수(弘農太守)
    라는 시호를 받아 그렇게 부른다.

### 나. 자갈밭에서 나는 차가 제일이다

  그 땅으로 말한다면 제일 좋은 차는 자갈밭(爛石 : 부스러진
돌)에서 자라는 것이요, 중품(中品)의 차는 모래밭에서 자라
는 것이요, 하품(下品)의 차는 황토흙에서 자라는 것이다.

  무릇 차나무는 심어도 잘 자라지 않고 재배하여도 무성해지
지 않는다. 그 방법은 외(오이)를 심는 것과 같이(구덩이를
파고) 하면 3년이면 차를 채취할 수 있다.

  차는 들에서 자생하는 차가 제일 상품이요, 정원에서 재배된
차는 그 다음이다. 양지바른 벼랑끝이나 그늘진 숲속에서 나
는 것은 자주빛 나는 것이 최상품이고 푸른빛 나는 것은 그
다음이다. 죽순같은 모양의 차는 상품이요, 새싹같은 차는 차
등품이다. 잎이 접혀진 것은 상등품이고 잎이 펴진 것은 차등
품이다.

  그늘진 산이나 비탈진 계곡에서는 채취하지 않는 것이다. 여
기에서 채취한 것들은 성질이 응어리져 복통을 일으키는 원인
이 된다.

  차가 사용되는 것은, 차의 맛이 지극히 차가운 것이기 때문
에 이 차를 마시기에 가장 적당한 사람은 아름다운 행실과 검

소한 덕을 갖춘 사람이다.

만약 열나고 갈증이 나며 답답하고 번민하거나 머리가 아프거나 눈이 침침하거나 팔다리가 움직이기 귀찮거나 뼈 마디마디가 잘 펴지지 않거나 하는 데에는 4번이나 5번만 마시면 맛좋은 제호(醍醐)나 감로(甘露)와 어깨를 나란히 겨룰 만할 것이다.


其地 上者生爛石[1] 中者生礫壞[2] 下者生黃土 凡藝而不實 植而罕茂 法如種瓜 三歲可採 野者[3]上 園者[4]次 陽崖[5]陰林 紫者上 綠者次 笋者上 芽者[6]次 葉卷上 葉舒次 陰山坡谷者 不堪採掇 性凝滯 結瘕疾[7]

茶之爲用 味至寒 爲飮最宜 精行儉德[8]之人 若熱渴凝悶 腦疼[9] 目澁 四肢煩 百節[10]不舒 聊四五啜 與醍醐甘露[11]抗衡也

1) 爛石(난석) : 부서진 돌. 곧 작은 돌. 자갈.

2) 礫壞(력괴) : 자갈이 부서진 것. 곧 모래.

3) 野者(야자) : 자연적으로 나서 자란 것. 곧 야생. 들에서 자생하는 것.

4) 園者(원자) : 정원에서 가꾼 것. 인위적으로 심은 것.

5) 陽崖(양애) : 양지바른 쪽의 절벽. 오르기 어려운 곳.

6) 芽者(아자) : 새싹과 같은 것.

7) 瘕疾(하질) : 복통. 배가 아픈 병.

8) 精行儉德(정행검덕) : 정행은 아름다운 행실. 검덕은 검소한 덕.

9) 腦疼(뇌동) : 뇌가 아프다. 곧 머리가 아프다. 두통.

10) 百節(백절) : 온 마디. 곧 인체의 모든 뼈마디.

11) 醍醐甘露(제호감로) : 제호는 우유의 위에 떠있는 기름이며 소젖의 정액(精液)이라고 하는 맛있는 것을 뜻하고 감로는 천하가 태평하면 하

늘에서 내린다는 신장(神漿)을 뜻한다. 이 감로를 마시면 불로장생(不老長生)한다고 한다.


## 다. 차는 아무렇게나 따는 것이 아니다

차를 채취하는데 때를 가리지 않거나 제조하는데 정성을 다하지 않거나 잡다한 풀잎들을 섞어서 달여 마시면 병을 일으킨다.

차가 좋지 못한 영향을 끼치는 것은 또한 인삼(人蔘)과 같다.

상등품은 상당(上黨) 땅에서 생산되고 중등품은 백제(百濟)와 신라(新羅)에서 생산되고 하등품은 고구려(高句麗)에서 생산된다.

그밖에 택주(澤州 : 지금의 산서성 보성현), 역주(易州 : 하북성 역현), 유주(幽州 : 지금의 하북성 북경), 단주(檀州 : 지금의 북경시 밀운현)에서 나오는 것도 있는데 약용(藥用)으로는 별로 효과가 없다. 하물며 이외의 지방에서 생산되는 것에서랴.

설령 인삼과 비슷한 제니(薺苨)를 복용하더라도 여섯 가지 병을 낮게 하지는 못한다.

인삼이 사람에게 누가 되는 경우도 있다는 것을 안다면 차도 또한 누가 될 수도 있다는 것을 다 알 수 있을 것이다.


採不時 造不精 雜以卉莽[1] 飮之成疾 茶爲累也 亦猶人參[2] 上者生上黨[3] 中者生百濟 新羅[4] 下者生高麗[5] 有生澤州 易州 幽州 檀州[6]者 爲藥無効 況非此者 設服薺苨[7] 使六疾[8]不瘳 知人參爲累 則茶累盡矣

1) 卉莽(훼망) : 풀잎들.

2) 人參(인삼) : 인삼(人蔘).

3) 上黨(상당) : 중국의 땅 이름. 당(唐)나라 때 하동도(河東道) 노주(潞州) 상당군(上黨郡) 상당현이 있었다. 상당이란 지명은 땅이 우뚝 솟아서 천지당(天之黨)이라고 한 데서 비롯하였다.

4) 百濟新羅(백제신라) : 우리의 역사에 나오는 백제와 신라를 뜻한다.

5) 高麗(고려) : 고구려(高句麗)를 고려라고 했다.

6) 澤州 易州 幽州 檀州(택주 역주 유주 단주) : 다 중국의 지명(地名).

7) 薺苨(제니) : 달콤한 길경(桔梗)을 제니라고 한다. 제니는 인삼과 비슷하여 간교한 상인들이 제니를 인삼으로 속여 판다고 했다. 제니는 일종의 '냉이'라고도 한다. 냉이의 뿌리가 큰 것은 인삼과도 비슷하다.

8) 六疾(육질) : 열이 나고 갈증이 나며 답답하고 번민하며 머리가 아프고 눈이 침침하고 팔다리가 움직이기 귀찮고 모든 뼈마디가 아픈 여섯 가지 질병을 말한다.

# 2. 둘째, 차의 도구〔二之具〕

## 가. 차를 채취해 담는 기구

영(籝 : 대로 만든 상자)은 한편으로는 남(籃 : 대바구니)이라고 하고 한편으로는 농(籠 : 대그릇)이라고 하며 한편으로는 거(筥 : 동구미, 대로 둥글게 엮은 것)라고 한다.

대바구니

다 대나무로 만든다. 5되가 들어가는데 혹은 한 말이 들어가고 혹은 2말 또는 3말 들이도 있다.

차를 채취하는 사람이 등에 지고 차를 채취한다.〔영(籝)은 『한서(漢書)』에 음은 '영(盈)'이며 "황금이 대바구니(籝)에 가득하여도 한 권의 경전(經典)만 같지 못하다."고 했고, 안사고(顏師古)는 "영(籝)은 대나무 그릇이다. 4되를 받는다."고 했다〕

籝[1] 一曰籃[2] 一曰籠[3] 一曰筥[4] 以竹織之 受五升 或一斗[5] 二斗 三斗者 茶人 負以採茶也〔籝 漢書[6] 音盈 所謂 黃金滿籝 不如一經 顏師古[7]云 籝竹器也 受四升耳〕

1) 籯(영) : 대나무로 만든 상자.
   곧 바구니의 일종.

2) 籃(남) : 대바구니.

3) 籠(농) : 대그릇.

4) 筥(거) : 동구미. 대나무로 둥글
   게 엮은 것.

5) 斞(두) : 두(斗)의 고자(古字).
   양을 재는 단위인 말의 뜻.

북송(北宋)의 경덕진(景德鎭)
영청(影靑)의 찻물 따르개

6) 漢書(한서) : 전한(前漢)의 열두 임금을 기록한 240년간의 기전체(紀
   傳體) 역사서로 후한(後漢)의 반표(班彪)가 시작하여 그의 아들 반고
   (班固)가 완성시키고 팔표(八表) 등 완성되지 못한 부분은 고(固)의
   여동생인 반소(班昭)가 보충하였다. 총 2백권으로 되어 있다.

7) 顔師古(안사고) : 당(唐)나라 초기의 학자. 이름은 주(籒)이고 사고
   (師古)는 그의 자(字)이다. 안지추(顔之推)의 손자이다. 태종 때 중서
   시랑(中書侍郞)이 되었다. 훈고학(訓古學)에 밝았으며 문장에 능숙하
   였다. 오경(五經)을 고정(考定)하였고『한서』도 주(註)하였다.


## 나. 부엌과 가마와 시루

조(竈 : 부뚜막)는 으슥한(구석진) 곳에 있는 것은 사용하지
않는다. 가마(솥)는 전(가장자리의 손잡이)이 있는 것을 사용
한다.

증(甑 : 시루)은 혹은 나무나 혹은 질그릇으로 하며 허리부
분만 제외하고는 모두 진흙으로 바른다. 대바구니는 종다래끼
(작은 대바구니)로써 하고 대껍질로 동여맨다.

처음 차잎을 찔 때에는 종다래끼를 시루 속에 넣고 이미 익
으면 종다래끼를 꺼낸다. 가마 속의 물이 마르면 시루 속에 물
을 넣는다.〔시루에는 띠를 두르지 않고 진흙으로만 바른다.〕

또 닥나무의 가지를 세 갈래로 갈라지게 만들어〔아(亞)는 나
무의 가지가 아귀진 곳이며 아귀가지의 뜻〕찌는 차싹과 차순을
차잎과 함께 섞어 흩뜨러 뜨린다. 이는 차잎의 진이 흐를까 염
려되기 때문이다.

竈[1]無用突[2]者 釜用脣口[3]者

甑 或木 或瓦 匪腰而泥 籃以箅[4]之 篾以系之 始其蒸也 入乎箄
旣其熟也 出乎箄 釜涸 注於甑中〔甑 不帶而泥之〕又以穀木[5] 枝三
亞[6]者 制之〔亞字 當作椏木 椏枝也〕散所蒸芽笋幷葉 畏流其膏

1) 竈(조) : 부엌. 곧 부뚜막.

2) 突(요) : 구석지고 으슥한 곳. 어둠침침한 곳.

3) 脣口(순구) : 솥의 위쪽 가장자리의 손잡이. 곧 전.

4) 箅(비) : 종다래끼. 곧 작은 대바구니의 일종.

5) 穀木(곡목) : 닥나무. 종이를 만드는데 쓰이는 나무.

6) 亞(아) : 아(椏)와 같고 아목(椏木 : 아귀)과 아지(椏枝)이다. 곧 나무
의 가지가 갈라져 나간 곳.

## 다. 절구공이, 받침대, 가리개 등등

저구(杵臼 : 절구공이와 절구)는 일설에는 디딜방아라고 한
다. 오직 항상 쓰던 것이 아름다운 것이다.

규(規 : 본, 곧 틀)는 일설에는 모(模 : 거푸집)라고 하고 일

설에는 권(棬：나무그릇)이라고 하며 쇠로 만든다. 혹은 둥글고 혹은 모나고 혹은 얽은 자국과 같은 모양의 것이다.

승(承：받침대)은 일설에는 대(臺)라고도 하며 일설에는 침(砧：다듬이돌)이라고 하는데 돌로 만든다. 그렇지 않으면 느티나무나 뽕나무로 만들고 절반은 땅속에 묻어 흔들리거나 움직이지 않도록 한다.

첨(襜・檐：행주치마・가리개)은 일설에는 의(衣：옷)라고 하는데 기름을 먹인 비단이나 혹은 비옷의 홑옷 떨어진 것으로 만든다. 이 행주치마를 받침대 위에 두고 또 틀(본)로써 행주치마 위에 얹어놓고 차를 빚어내는 것이다. 차가 완성되면 걷어서 바꾼다.

비리(芘莉：나물바구니의 종류)는 일설에는 포장하는 상자〔贏子〕라고 하며 일설에는 붕랑(籯筤：대바구니와 대그릇)이라고 한다.

두 개의 가는 대나무로 길이는 3자이고 몸체는 2자5치에 자루는 5치로 한다. 대나무 껍질로 방안(方眼：모난상자)을 짜는데 농사꾼이 쓰는 흙체와 같은 것으로 2자를 넓혀서 차를 펼쳐 넌다.

杵臼[1] 一曰碓[2] 惟恒用者佳

規[3] 一曰模[4] 一曰棬[5] 以鐵制之 或圓 或方 或花[6]

承[7] 一曰臺 一曰砧[8] 以石爲之 不然 以槐桑木 半埋地中 遣[9] 無所搖動

襜[10] 一曰衣 以油絹 或雨衫[11] 單服 敗者[12]爲之 以襜置承上 又以規置襜上 以造茶也 茶成擧而易之

芘莉[13]〔音笆離〕 一曰籯子[14] 一曰篣筤〔篣音崩 筤音郎 篣筤 籃籠
也〕 以二小竹 長三尺 軀二尺五寸 柄五寸 以篾織方眼 如圃人
土羅[15] 濶二尺 以列茶[16]也

1) 杵臼(저구) : 절구공이와 절구통.

2) 碓(대) : 디딜방아나 물레방아.

3) 規(규) : 틀. 본을 뜨는 기본 틀.

4) 模(모) : 거푸집. 들뜬 곳.

5) 棬(권) : 나무그릇. 나무를 휘어 만든 둥근 그릇.

6) 花(화) : 얽은 자국. 구멍이 파인 자국.

7) 承(승) : 받드는 대. 곧 받침대.

8) 砧(침) : 다듬이 돌. 다듬질 하는 돌.

9) 遣(견) : 하여금. 그것으로 하여금.

10) 襜(첨) : 행주치마. 곧 앞만 가릴 수 있는 가리개의 일종.

11) 雨衫(우삼) : 비옷.

12) 敗者(패자) : 떨어진 것. 해어진 옷의 일종.

13) 芘莉(비리) : 덮개의 일종.

14) 籯子(영자) : 포장하는 상자의 일종.

15) 圃人土羅(포인토라) : 포인은 전원을 가꾸는 농사꾼. 토라는 흙을 곱
    게 하기 위해 치는 흙체.

16) 列茶(열다) : 차잎을 펼쳐서 말리는 일.


### 라. 창, 두드리개, 배로, 꿰뚫으개, 선반

계(棨 : 나무로 만든 창)는 송곳이라 한다. 송곳의 자루는 단
단한 나무로 만든다. 차잎의 구멍을 뚫을 때 사용한다.

박(撲 : 두드리개)은 채찍이라고 한다. 대나무로 만드는데 구멍을 뚫은 차를 서로 붙지 않게 떼어 놓는다.

배(焙 : 배롱, 불에 쬐어 말리는 곳)는 땅을 2자쯤 깊이 파서 넓이가 2자5치. 길이가 한 길쯤 되게 하여 위에 낮은 담을 만들어 높이가 2자쯤 되게 만들어 진흙으로 바른다.

관(貫 : 꿰뚫는 것)은 대나무를 깎아서 만든다. 길이가 2자5치. 차를 꿰어서 불에 쬐어 말린다.

붕(棚 : 시렁 또는 선반)은 잔(棧 : 잔교)이다. 나무로 배롱 위에 얽는다. 나무를 엮어서 두 개의 층(層)을 만드는데 높이는 한 자이다. 차를 불에 쬐어 말린다. 차를 절반 정도만 말린 것은 아래의 시렁으로 올리고 완전히 건조된 것은 위의 시렁으로 올린다.


棨[1] 一曰錐刀[2] 柄以堅木爲之 用穿茶[3]也

撲[4] 一曰鞭 以竹爲之 穿茶 以解茶[5]也

焙[6]鑿地深二尺 濶二尺五寸 長一丈 上作短墻 高二尺 泥之

貫[7] 削竹爲之 長二尺五寸 以貫茶 焙之

棚[8] 一曰棧[9] 以木 構於焙上 編木兩層 高一尺 以焙茶也 茶之
半乾 昇下棚 全乾 昇上棚

1) 棨(계) : 나무로 만든 창이며 일명 송곳을 뜻한다.

2) 錐刀(추도) : 송곳의 한자어.

3) 穿茶(천다) : 차의 잎에 구멍을 뚫는 것.

4) 撲(박) : 차를 구멍 뚫을 때 차잎이 서로 엉킨 것을 회초리로 두드려
    떨어지게 하는 것.

5) 解茶(해다) : 차잎의 간격이 서로 붙지 않게 간격을 떼어놓는 것.

6) 焙(배) : 배롱으로 화로 위에 씌워놓고 옷 같은 것을 걸어 말리는 기구. 또는 쬐어 말리는 기구.

7) 貫(관) : 꿰뚫어 차잎을 끼우는 기구. 곶감을 끼워 말리는 것과 같은 길쭉하고 가는 대나무를 깎아 만든 것. 곧 꼬챙이.

8) 棚(붕) : 시렁. 또는 선반이라고 한다.

9) 棧(잔) : 잔교 산의 낭떠러지 부분에 나무다리를 놓는 것과 같은 형식의 시렁같은 다리.


## 마. 꿰미, 숙성통

천(穿 : 꿰미)은 강동(江東 : 양자강 하류)지방과 회남(淮南)지방에서는 대나무를 쪼개서 만들었고 파천(巴川)지방이나 협산(峽山)지방에서는 닥나무 껍질을 꼬아서 만들었다.

강동지방에서는 한 근으로써 한 꿰미를 삼아 상천(上穿)이라고 하였고 반 근의 꿰미로서는 중천(中穿)이라 하였으며 4냥이나 5냥 짜리의 꿰미는 소천(小穿)이라고 하였다.

협중(峽中)에서는 1백20근의 꿰미를 상천이라고 하고 80근의 꿰미를 중천이라 하고 50근의 꿰미를 하천으로 삼았다.

'천(穿)'이라는 글자는 옛날에는 '차천(釵釧)의 천(釧)'으로 쓰거나 또는 '관관(貫串)'의 글자로 썼다. 지금은 그렇게 쓰지 않는다.

'마(磨)·선(扇)·탄(彈)·찬(鑽)·봉(縫)'의 다섯 글자는 글을 평성(平聲 : 사성(四聲)의 하나)으로 쓰더라도 뜻은 거성(去聲)으로 부른다.

그의 글자는 '천(穿)'으로 이름한 것이다.

일본차의 숙성통

육(育 : 숙성(熟成)통)은 나무로 만들고 대나무로 바깥을 엮고 종이를 풀칠하여 바른다. 중간에 칸막이가 있고 위에는 덮개가 있으며 아래에는 평상이 있다. 곁에는 문이 있는데 한쪽 문짝만으로 가리고 중앙에는 한 개의 그릇을 놓고 묻은 잿불을 저장하여 훈훈한 김이 오르게 한다.

강남지방의 매실이 익을 무렵에 오는 긴 장마 때는 불로써 지핀다.〔육(育)이란 차를 저장하여 잘 숙성(熟成)시키는 것을 이름한 것이다.〕

穿[1]〔音釧〕江東 淮南[2] 剖竹爲之 巴川 峽山[3] 紉穀皮爲之 江東 以一斤 爲上穿 半斤爲中穿 四兩五兩爲小穿 峽中[4] 以一百二十 斤[5]爲上穿 八十斤爲中穿 五十斤爲下穿 字舊作釵釧[6]之釧 或作 貫串[7] 今則不然 如磨扇彈鑽縫 五字 文以平聲[8]書之 義以去聲[9] 呼之 其字 以穿名之

育[10]以木制之 以竹編之 以紙糊之 中有隔 上有覆 下有床 傍 有門 掩一扉 中置一器 貯煻煨火[11] 令熅熅然[12] 江南 梅雨時[13] 焚之以火〔育者 以其藏養爲名〕

1) 穿(천) : 한 꿰미. 차를 꿰어 말린 한 줄의 꿰미.
2) 江東・淮南(강동・회남) : 강동은 양자강의 동쪽지방. 지금의 강소성

(江蘇省)이며 옛날의 오(吳)나라 땅으로 초(楚)의 항우(項羽)가 군사
를 일으킨 곳이다. 회남은 회수(淮水) 이남의 땅. 당(唐)나라시대의 10
도(十都)의 하나.

3) 巴川 峽山(파천 협산) : 파천은 사천(四川)의 별칭이며 파산(巴山).
협산은 양자강 상류에 있는 삼협산의 총칭.

4) 峽中(협중) : 협산의 지방에서는.

5) 斤(근) : 일부에서는 편(片)의 잘못이라고도 한다. 곧 엽(葉)의 뜻이라
고도 한다.

6) 釵釧(차천) : 비녀와 팔찌의 뜻인데 여기서는 '꿰미'의 뜻이다.

7) 貫串(관관) : 관(貫)과 관(串)은 둘다 뚫다의 뜻으로 '꿰미'이다.

8) 平聲(평성) : 중국어에는 상성(上聲), 평성(平聲), 거성(去聲), 입성
(入聲)의 사성(四聲)이 있는데 이 사성 중의 하나로 낮고 순평한 소리
를 뜻한다.

9) 去聲(거성) : 중국어의 사성(四聲)의 하나로 발음의 처음이 높고 뒤가
낮아지는 소리.

10) 育(육) : 차의 영양분을 숙성시키는 장육기(藏育器)이다.

11) 塘煨火(당외화) : 잿속에 묻혀 있는 불. 잿속에 숨어 있는 불. 잿불.

12) 熅熅然(온온연) : 김이나 연기가 오르는 모양.

13) 梅雨時(매우시) : 매실이 익어가는 시기에 장마가 져서 날씨가 계속
궂을 때.

# 3. 셋째, 차의 제조[三之造]

## 가. 차를 채취하는 달

보통 차를 채취하는 달은 2월이나 3월이나 4월의 사이에 한다. 차가 죽순처럼 생긴 것은 바위가 부서진 자갈밭의 비옥한 땅에서 자란다. 길이는 4치나 5치쯤이고 회침(고비)이나 고사리가 처음 솟아오르는 것과 같은 것으로 이슬을 밟으면서 채취한다.

차의 싹이라는 것은 떨기가 나서 우거진 곳의 위에 피어 있는 것으로 가지가 3개나 4개나 5개로 되어 있는 가운데서 가지가 이삭처럼 솟아오른 것을 가려서 채취한다.

차를 따는 날에 비가 오면 채취하지 않고 맑아도 구름이 끼어 있으면 채취하지 않는다.

맑게 개인 구름없는 날에 채취하여 찌고 찧고 치고 불에 쬐고 꿰미에 꿰고 봉하면 차가 건조되는 것이다.

凡採茶在二月 三月 四月之間 茶之笋者 生爛石沃土 長四五寸 若薇蕨[1] 始抽 凌露[2] 採焉 茶之芽者 發於叢薄[3]之上 有三枝 四枝 五枝者 選其中枝穎拔[4]者 採焉 其日 有雨 不採 晴有雲 不採 晴

採之 蒸之 擣之 拍之[5] 焙之 穿之 封之[6] 茶之乾矣

1) 薇蕨(미궐) : 회침(고비)과 고사리.

2) 凌露(능로) : 이슬을 밟다.

3) 叢薄(총박) : 초목이 떨기로 자라 우거진 곳.

4) 穎拔(영발) : 이삭처럼 솟아오르다.

5) 拍之(박지) : 치다. 곧 거르다.

6) 封之(봉지) : 따고, 찌고, 찧고, 치고, 쬐이고, 꿰고하여 숙성(熟成)시켜 양분이 오르게 하는 과정을 말한다.


## 나. 차의 종류는 그 수가 많다

차는 천가지 만가지의 모양이 있다.

대강으로만 말하더라도 오랑캐의 가죽신같이 쪼그라든 것도 있다.〔가죽신을 바늘로 꿰맨 곳에 송곳이 들어간 자국이 주름잡혀 있는 모양.〕

등이 낙타처럼 생긴 들소의 가슴처럼 모가 나고 키같은 것도 있다. 또 뜬구름이 산에서 나오는 것처럼 꼬불꼬불 하기도 하다. 가벼운 바람이 물 위를 스칠 때처럼 함담(涵澹)하기도 하다. 또 도자기집의 아들이 기름진 흙을 체질하여 물로써 맑게 한 것 같은 것도 있다.〔맑게 한다는 것은 진흙탕을 맑게 한다는 것을 이른다.〕

또 새로 땅을 개척한 것이 소나기를 만나 물이 넘쳐 흘러 도랑이 생긴 것 같기도 하다.

이것은 다 차가 정밀하고 기름진 좋은 것이다.

대나무껍질 같은 것도 있다. 이는 가지와 줄기가 단단하고

실해서 찌고 찧는 데도 어렵다. 그
러므로 그의 형상이 대나무 체와
같다.

　서리맞은 연잎같은 것이 있는데
줄기와 잎이 시들고 물에 젖은 모
양이 보통차와 다르므로 그의 모
양이 시들고 파리하다.

　이러한 것들은 모두 차가 수척하
고 늙은 것들이다.

송(宋)나라 자주요(磁州窯)의
백유(白釉) 찻물 따르개

　茶有千萬狀 鹵莽[1]而言 如胡人鞾[2]者 蹙縮然[3]〔京錐文也〕 犎
牛[4]臆者 廉襜然[5]〔犎音朋 野牛也〕 浮雲出山者 輪囷然[6] 輕飈拂
水者 涵澹然[7] 有如陶家之子 羅膏土 以水澄泚之〔謂澄泥也〕
有如新治地者 遇暴雨流潦之所經 此皆 茶之精腴[8] 有如竹籜[9]
者 枝幹堅實 艱於蒸搗 故其形 籭簁然[10]〔上离下师〕 有如霜荷者
莖葉凋沮[11] 易其狀貌 故厥狀 委萃[12]然 此皆 茶之瘠老者也

1) 鹵莽(노망) : 소홀하다. 거칠다의 뜻.

2) 胡人鞾(호인화) : 오랑캐(되놈)의 가죽신.

3) 蹙縮然(축축연) : 쪼그라드는 모양.

4) 犎牛(봉우) : 들소 등에 낙타처럼 혹이 있는 들소

5) 廉襜然(염첨연) : 모가 나고 행주처럼 생긴 것.

6) 輪囷然(윤균연) : 꼬불꼬불한 모양의 것.

7) 涵澹然(함담연) : 잔주름이 스친 것처럼 생긴 것.

8) 精腴(정수) : 곱고 기름기가 번드르르 한 것.

9) 竹籜(죽탁) : 죽순껍질. 대나무껍질.

10) 籭筻然(이사연) : 대나무로 만든 체와 같은 것.

11) 凋沮(조저) : 시들고 적셔진 것.

12) 委萃(위췌) : 시들고 파리한 것.

## 다. 차 제조는 일곱 단계를 거친다

차를 채취하는 데에서부터 차를 봉(封)하는데 이르기까지는 일곱 단계를 거친다.

완성된 차는 오랑캐의 가죽신 같은 것에서부터 서리맞은 연잎처럼 생긴 것에 이르기까지 여덟 등급의 품질이 있다.

어떤 이는 빛이 나고 검고 평평하고 바른 것을 좋은 것이라고 말하는데 이 사람은 하등급의 감정가이다.

주름이 지고 노랗고 평탄하지 않은 언덕처럼 생긴 것을 좋은 것이라고 말하는 사람은 다음 등급의 감정가이다.

또 다 좋은 것이라고 말하고 다음에 모두 좋지 않다고 말하는 자는 최상의 감정가이다.

어떤 것은 차의 진기가 나와서 빛이 나고 진기를 속으로 머금은 것은 주름살이 잡혔고 묵혔다가 제조한 것은 검고 하루에 이루어진 것은 누렇다. 쪄서 강하게 누른 것은 평평하고 바르며 느슨하게 누른 것은 언덕처럼 평탄하지 않다.

이것은 차에만 그러한 것이 아니라 풀과 나무의 잎도 똑같다. 그러므로 차의 나쁘고 좋은 것은 입으로 전해진 비결(祕訣)에서만 존재하는 것이다.


自採 至于封 七經目[1] 自胡靴 至于霜荷 八等 或以光黑平正

言嘉者 斯鑑之下也 以皺黃坳垤[2] 言佳者 鑑之次也 若皆言嘉
及皆言不嘉者 鑑之上也 何者 出膏者光 含膏者皺 宿製[3]者則
黑 日成[4]者則黃 蒸壓則平正 縱之[5]坳垤 此茶與草木葉一也
茶之否臧[6] 存於口訣[7]

1) 七經目(칠경목) : 7번의 과정을 지나다.

2) 皺黃坳垤(추황요질) : 추는 주름이 잡힌 것. 황은 누런 것. 요질은 평탄
   하지 않은 언덕.

3) 宿製(숙제) : 하루 밤을 묵혔다가 차를 제조한 것.

4) 日成(일성) : 하루 동안에 차를 제조하는 것.

5) 縱之(종지) : 느슨하게 누른 것.

6) 否臧(부장) : 나쁘고 좋은 것. 하등품과 상등품.

7) 口訣(구결) : 입으로 전하여 내려오는 비결. 곧 문서로 전하지 않는 것.

# 다경 중권(茶經中卷)

홍주(洪州)에서는 오지그릇으로 만들고
내주(萊州)에서는 돌로써 만든다.
오지그릇과 돌은 다 맑은 그릇이나
그 성질이 견고하지 못하여
오래도록 사용하기가 어렵다.
또 은(銀)을 써서 만들면
지극히 깨끗하기는 하지만
다만 사치스럽고 화려한 것에 빠진다.
바른 것은 바른 것 대로
깨끗한 것은 깨끗한 것 대로 좋은 것이다.

# 4. 넷째, 차(茶)의 그릇[四之器]

풍로(재받이), 숯광주리, 숯가르개, 부젓가락, 솥, 교상(交床), 집게, 종이주머니, 연[가루털이], 체·합, 구기, 물통, 물거르는 자루, 표주박, 대젓가락, 소금단지[주격], 익은 물바리, 주발, 삼태기, 솥, 개숫물통, 찌꺼기통, 행주, 구열(具列), 모듬바구니.

風爐[灰承] 筥 炭檛 火筴 鍑 交床 夾 紙囊 碾[拂末] 羅合 則 水方 漉水囊 瓢 竹筴 鹺簋[揭] 熟盂 盌 畚 札 滌方 滓方 巾 具列 都籃

## 가. 풍로(재받이)의 모양과 형태

풍로(風爐 : 재받이겸)는 구리나 쇠로써 주조한다. 옛날의 솥의 형상과 같다. 두께는 3푼이고 가장자리(가선)의 넓이는 9푼이며 6푼으로 속을 비우고 벽에 흙손으로 진흙을 바른다.

보통 풍로는 발이 세 개인데 옛 글씨체로 21자를 쓴다.

한쪽 발에는 '감상 손하 이우중(坎上巽下離于中 : 물은 위에 있고 바람은 밑에 있어 불이 중앙에 한다.)'라고 적는다.

한쪽 발에는 '체균오행 거백질(體均五行去百疾 : 몸에는 오

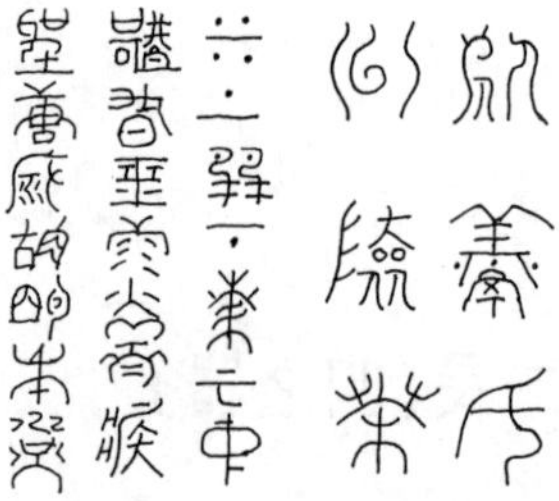

伊羲氏
公陸茶
坎上巽下離于中
體均五行去百疾
聖唐滅胡明年鑄

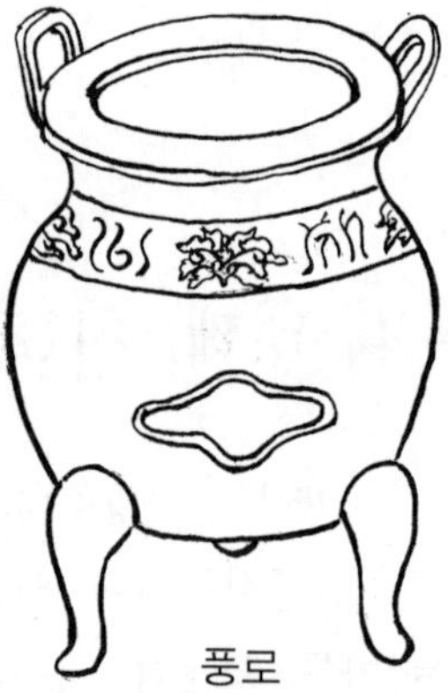

풍로

행(五行 : 金木水火土)을 고르게 하여 모든 질병을 물리친다.)' 라고 적는다.

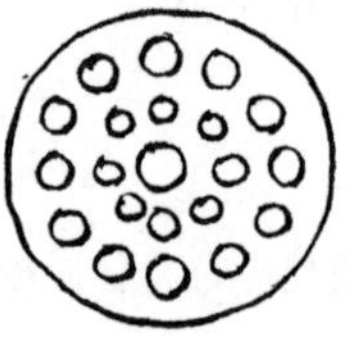

穴底泉𡋯

한쪽 발에는 '성당멸호명년주(聖唐滅胡明年鑄 : 성스런 당(唐)나라가 오랑캐를 멸망시킨 이듬해에 주조하다.)' 라고 쓴다.

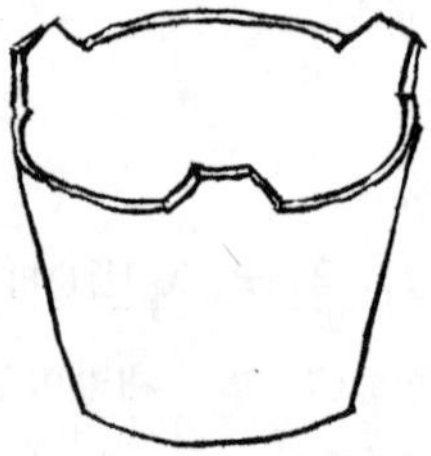

얼대

그 3개 발의 사이에 3개의 창문을 만들고 밑으로 또 하나의 창문을 만들어 바람이 통하고 불에 탄 찌꺼기가 빠지도록 한다.

그 위에 옛 글자체로 여섯 글자를 쓴다.

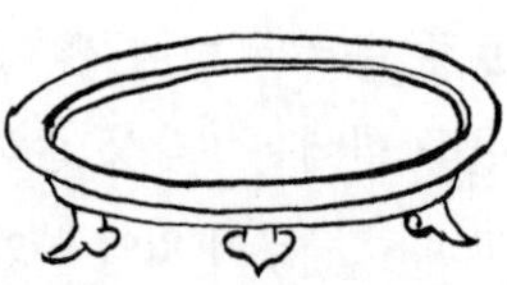

재받이

한 창문 위에는 '이공(伊公)' 이란 두 글자를 쓰고 한 창문 위에는 '갱육(羹陸)' 이란 두 글자를 쓰

이(離) : 꿩, 불        손(巽) : 표범,바람        감(坎) : 물고기, 물

고 한 창문 위에는 '씨다(氏茶)'란 두 글자를 쓴다. 이것은 '이공갱육씨다(伊公羹陸氏茶)로 이공(伊公)은 갱(羹 : 국)이요, 육씨(陸氏 : 陸羽)는 다(茶 : 차)다.'라는 것이다.

풍로 안에는 높고 낮은 차이를 내어 세 개의 칸막이를 설치한다. 그 하나의 칸막이에는 꿩을 그려두는데 '꿩'이란 것은 '불을 상징하는 새'이다. 괘 하나를 그리는데 그것은 '이(離)'괘이다. 그 하나의 칸막이에는 표범을 그려두는데 '표범'이란 것은 바람을 일으키는 짐승이다. 하나의 괘를 그려 넣는데 그것은 '손(巽)'괘이다. 그 하나의 칸막이에는 물고기가 있는데 '물고기'라는 것은 물 속에서 사는 벌레이다. 하나의 괘를 그려 넣는데 그것은 '감(坎)'괘이다.

손(巽)은 바람을 주재하고 이(離)는 불을 주재하고 감(坎)은 물을 주재한다.

바람은 능히 불을 잘 일으키고 불은 능히 물을 끓게 하는 것으로 이와 같이 세 개의 괘〔巽離坎〕를 갖추는 것이다.

풍로 밖을 꾸미는 것은 계속되는 꽃무늬, 늘어진 덩굴무늬, 파도무늬, 네모진무늬의 종류로 한다.

그 풍로는 혹은 쇠를 두드려서 만들기도 하고 혹은 진흙을 빚어서 만들기도 한다.

그 재받이는 3개의 쇠발로 받침을 만들어서 든다.

옛날 동(銅)풍로

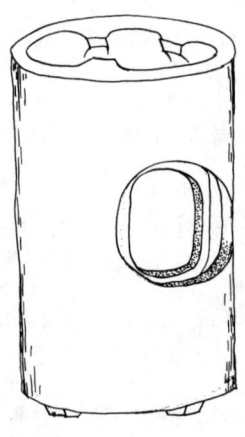

당(唐)나라 풍로

### 〈風爐〔灰承〕〉

風爐 以銅鐵鑄之 如古鼎形 厚三
分 緣[1]闊九分 令六分虛中 致其
杇墁[2] 凡三足 古文 書二十一字 一
足云 坎上 巽下 離于中[3] 一足云 體
均五行[4] 去百疾 一足云 聖唐滅胡明
年鑄[5] 其三足之間 設三窓 底一窓
以爲通飇漏燼[6]之所 上竝古文書六
字 一窓之上 書伊公二字 一窓之上
書羹陸二字 一窓之上 書氏茶二字
所謂 伊公羹[7] 陸氏茶也 置墆㙞[8]於
其內 設三格 其一格 有翟焉 翟者
火禽也 畫一卦曰離[9] 其一格 有彪
焉 彪者風獸也 畫一卦曰巽[10] 其一格
有魚焉 魚者水蟲也 畫一卦曰坎[11]
巽主風 離主火 坎主水 風能興火
火能熱水 故備其三卦[12]焉 其飾 以
連葩 垂蔓 曲水 方文[13]之類 其爐
或鍛鐵爲之 或運泥[14]爲之 其灰承
作三足鐵柈擡之

1) 緣(연) : 가선. 곧 풍로 위의 선.

2) 杇墁(오만) : 흙손으로 진흙을 바르
   다. 오는 『이아』석궁(釋宮)편에 「鏝
   謂之杇」라고 했다. 흙손이란 뜻이다.

3) 坎上巽下離于中(감상손하이우중) :

『주역』의 수풍정괘(水風井卦 : ䷯)를 뜻한다. 제일 위에는 감괘(坎
卦 : ☵)가 있고 중앙에 이괘(離卦 : ☲)가 있고 밑에 손괘(巽卦 :
☴)가 있는 것을 가리킨다. 여기서 감괘는 물(水)를 뜻하고 손괘는 풍
(風)을 뜻하고 이괘는 불(火)를 뜻한다.

4) 五行(오행) : 금목수화토(金木水火土)의 다섯 가지 성질.

5) 聖唐滅胡明年鑄(성당멸호명년주) : 성스런 당(唐)나라가 오랑캐를 멸
   망시킨 이듬해에 만들다. 곧 당나라 숙종(肅宗)의 보응(寶應)원년 10
   월에 오랑캐인 사조의(史朝義)를 격파시킨 다음해는 서기로 763년경인
   것 같다.

6) 漏爐(누신) : 다 탄 불똥이 떨어지는 것.

7) 伊公羹(이공갱) : 은(殷)나라의 이윤(伊尹)은 고기를 베어서 국을 잘
   끓였다는 데서 이름한 것.

8) 墇(?) : 이 글자는 『자전(字典)』에 없다. 단 '얼(堨)'자의 잘못인가 한
   다. 얼은 작은 산이라는 뜻이다.

9) 離(이) : 『주역』의 이괘(離卦 : ☲).

10) 巽(손) : 『주역』의 손괘(巽卦 : ☴).

11) 坎(감) : 『주역』의 감괘(坎卦 : ☵).

12) 三卦(삼괘) : 이(離) 손(巽) 감(坎)의 세 괘.

13) 方文(방문) : 네모진 문양.

14) 運泥(운리) : 진흙을 돌리다. 곧 진흙으로 빚어서 만들다.


## 나. 숯광주리, 숯가르개, 부젓가락, 솥

### 〈동구미(숯광주리)〉

숯광주리(동구미)는 대나무로 짜서 만든다. 높이는 1자2치.

지름의 넓이는 7치이다. 혹
은 등나무를 쓰기도 한다.

광주리같은 나무 모형꼴
을 만들어 여섯 개의 돌출
된 둥근 눈구멍이 나타나
도록 짠다. 그 밑의 깔개는
편리한 대나무상자와 같이
하고 입구는 쇠를 녹여서
두른다.

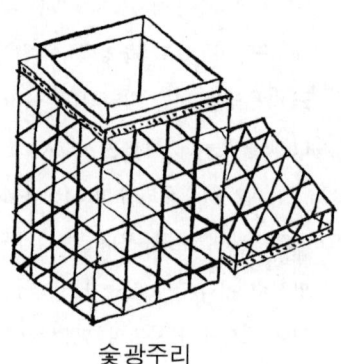

숯광주리

〈탄과(炭檛 : 숯가르개)〉

숯가르개는 쇠로써 여섯 곳이
모서리가(육각형) 지게 만든다.
길이는 한 자이다. 한 곳은 날
카롭게 하고 중앙은 부풀게 하
고 손잡이는 가늘게 한다. 머리
에는 하나의 작은 고리쇠를 달
고 채찍으로 꾸민다.

지금의 하주(河州)와 농주
(隴州)지방의 군인들이 달고
있는 목오(木吾)와 같다.

혹은 쇠망치같이 만들거나 혹

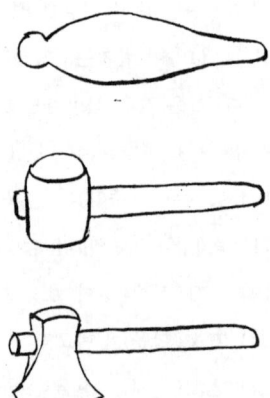

숯가르개

은 도끼같이 만들기도 하는데 그것은 각자의 편리한 것에 따
르는 것이다.

〈화책(火筴 : 부젓가락)〉

부젓가락은 일명 젓가락이라
한다. 일상적으로 사용하는 것
과 같이 둥글고 곧으며 1자3치
이다. 꼭대기는 평평하게 절단

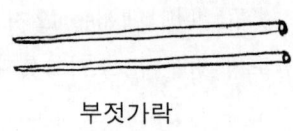

부젓가락

하여 총대(葱臺 : 파종)나 굽은 자물쇠같은 것들은 없앤다.
철이나 혹은 정제된 구리로 만든다.


〈복(鍑 : 솥)〉

솥은 생철(生鐵)로 만든다. 지금 사람들에 대장장이가 있는
데 이들이 이르는 급철(急鐵)이다.

이 쇠는 쟁기의 다 닳은 보습을 재련하여 부어서 만든다. 안
에는 흙으로 본을 뜨고 밖은 모래로 본을 뜬다. 흙으로 본뜬
것은 속이 반질거려 그 속을 씻어내기가
쉽다. 모래로 하여 밖이 껄끄럽게
한 것은 그 불길을 빨아들이게
한 것이다.

솥의 손잡이를 네모지게
한 것은 영(令)을 바르게
한 것이다. 그 가선을 넓게
한 것은 먼 곳까지 힘쓰게 한
것이다. 그 배꼽을 길게 한 것
은 중용을 지키기 위한 것이다.

배꼽이 길면 중심부터 끓는데

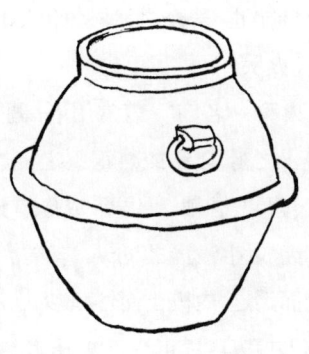

솥

중심부에서부터 끓면 끝부분은 넘치기가 쉽다. 끝부분이 넘치기 쉬우면 그 맛이 순해진다.

홍주(洪州)에서는 오지그릇으로 만들고 내주(萊州)에서는 돌로써 만든다. 오지그릇과 돌은 다 맑은 그릇이나 그 성질이 견고하지 못하여 오래도록 사용하기가 어렵다.

또 은(銀)을 써서 만들면 지극히 깨끗하기는 하지만 다만 사치스럽고 화려한 것에 빠진다.

바른 것은 바른 것 대로 깨끗한 것은 깨끗한 것 대로 좋은 것이다. 만약 일상적으로 사용할 것이라면 마침내는 은(銀)이나 쇠로 귀착된다.


〈筥〉

筥以竹織之 高一尺二寸 徑濶七寸 或用藤[1] 作木楦〔古箱字〕如筥形 織之六出圓眼 其底蓋 若利篋 口鑠之

〈炭檛[2]〉

炭檛 以鐵 六稜[3]制之 長一尺 銳一 豊中 執細 頭系一小䥫[4] 以飾檛也 若今之河隴[5]軍人木吾[6]也 或作鎚 或作斧 隨其便也

〈火筴[7]〉

火筴一名筯[8] 若常用者 圓直 一尺三寸 頂平截 無葱臺[9] 勾鑠[10]之屬 以鐵或熟銅製之

〈鍑[11]〔音輔 或作釜 或作鬴〕〉

鍑 以生鐵爲之 今人 有業冶者 所謂急鐵[12] 其鐵 以耕刀[13]之趄鍊而鑄之 內模土而外模沙 土滑於內 易其摩滌 沙澁於外 吸其炎焰 方其耳 以正令[14]也 廣其緣 以務遠[15]也 長其臍 以守中也 臍長則沸中 沸中則末易揚 末易揚則其味淳也 洪州以瓷[16]爲之 萊

州以石<sup>17)</sup>爲之 瓷與石 皆雅器也 性非堅實 難可持久 用銀爲之
至潔 但涉於侈麗 雅則雅矣 潔則潔矣 若用之恒而卒 歸於銀鐵也

1) 藤(등) : 콩과에 속하는 낙엽관목. 산이나 들에 자생하는데 줄기로는
   의자나 가구 등을 만들며 어린 씨나 잎은 식용하기도 한다. 관상용으로
   도 심는다.

2) 炭檛(탄과) : 숯의 채찍. 곧 숯을 가르는 가르개이며 지금의 부지깽이
   의 일종인데 쇠로 만들었다.

3) 六稜(육릉) : 여섯 곳이 모서리가 지다. 곧 육각형을 뜻한다.

4) 小鑷(소전) : 조그마한 고리.

5) 河隴(하농) : 하주와 농주지방. 지금의 서북(西北) 호로(胡虜)지방.

6) 木吾(목오) : 나무로 만든 경고용 방망이의 일종. 금오(金吾)도 있다.

7) 火筴(화책) : 부젓가락. 곧 젓가락이 젙대와 같으므로 일컫는 것이다.

8) 筯(저) : 젓가락.

9) 蔥臺(총대) : 파의 꽃줄기. 파종.

10) 勾鏁(구쇄) : 자물쇠의 일종.

11) 鍑(부) : 본래 음이 복이나 부로 통한다. 가마의 일종이며 큰 것이다.

12) 急鐵(급철) : 강철.

13) 耕刀(경도) : 밭을 가는 쟁기의 보습.

14) 正令(정령) : 올바른 명령.

15) 務遠(무원) : 먼 곳에까지 미치게 한다. 곧 먼 곳까지 힘쓰다.

16) 洪州以瓷(홍주이자) : 홍주는 강서(江西)의 남창부(南昌府)이다.
    이 지방에서는 차그릇을 오지그릇으로 만든다.

17) 萊州以石(내주이석) : 내주는 산동(山東)의 내주부(萊州府)이다.
    이곳에서는 차그릇을 돌로 만든다.

## 다. 교상, 집게, 종이주머니, 연, 체, 구기

### 〈교상(交床 : 식탁의 일종)〉

교상의 밑은 열십자로
교차시키고 중앙을 깎아
내어 빈 곳을 만들어 솥을
지탱하게 한다.

교상

### 〈협(夾 : 집게)〉

집게는 작은 청죽(靑竹)으로 만든
다. 길이는 I자2치이다. 한 치마
다 마디가 있게 하고 마
디의 위쪽은 쪼개어 차를
굽는다. 그렇게 하면 대
의 조리대에서 불에 의하
여 액즙이 나와 그 대나
무의 향긋하고 깨끗한 것
이 차에 옮겨져 차맛을 더욱 북
돋운다. 이러한 일들은 수풀의 골
짜기 사이가 아니면 이루어지기
어려운 것이다.

　혹은 정제된 쇠나 제련된 구리의 종류
로도 하는데 이것은 오래 견디는 장점
을 취한 것이다.

대나무집게

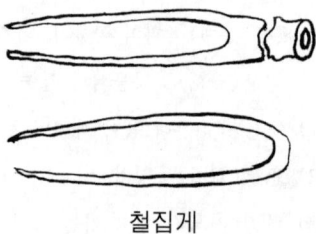

철집게

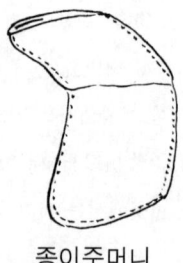

종이주머니

〈지낭(紙囊 : 종이주머니)〉

종이주머니는 섬등지(剡藤紙)의 희고 두꺼운 것으로 끼워서
꿰매 구운차를 저장한다. 그 향기가 새나가지 않도록 하는 것
이다.

〈연·불말(碾 ·拂末 : 연과 가루털이개)〉

연은 귤나무로 만든다. 다음으로 배나무, 뽕나무, 오동나무,
산뽕나무로 만든다. 안은 둥글고 밖은 모나게 한다.

속을 둥글게 하는 것은 운행을 감추는 것이요, 밖을 모나게
하는 것은 기울거나 위태한 것을 제지하기 위한 것이다. 추를
안으로 담고 밖에는 나머

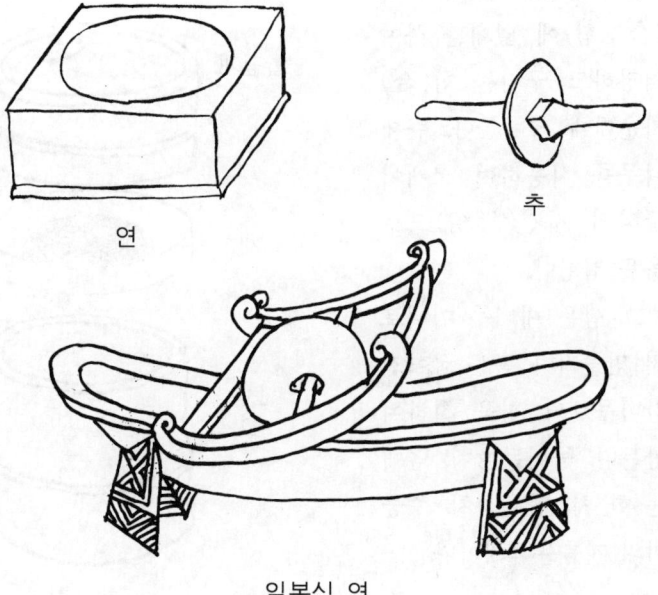

연

추

일본식 연

지의 나무가 없게 한
다. 추는 모양이 수
레의 바퀴와 같은
데 바퀴의 살은 없고 굴대

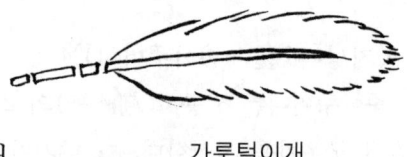

가루털이개

뿐이다.

　길이는 9치, 넓이는 1치7푼, 떨어지는 지름은 3치, 중앙을 나
눈 두께는 한 치, 변의 두께는 5푼이다. 굴대의 중앙은 모나고
둥근 것을 잡는다.

　그 불말(拂末 : 가루털이개)은 새의 깃으로 만든다.


〈나합(羅合 : 체·함)〉

　가루를 체로 쳐서 합
(合 : 함)에 덮개를 하여
저장하고 구기는 합(合)
가운데에 넣어둔다. 큰대
나무를 사용하여 쪼개어
굽혀서 사견(紗絹)으로
옷을 입힌다.

　그 함은 대나무 마디로
써 만들거나 혹은 굽어진
삼나무로써 칠을 칠하여
만든다. 높이는 3치, 덮개
는 한 치, 밑은 2치, 주둥
이의 지름은 4치이다.

합덮개

채

합

체·합

〈칙(則 : 구기)〉

구기는 바다의 조개껍질, 굴껍
질이나 대합껍질 같은 것으로 하
는데 혹은 구리나 쇠나 대숟가락
의 종류로써 한다. 구기란 양(量)
이며 표준이며 헤아리는 것이다.

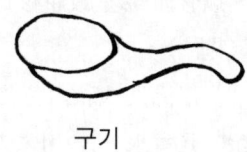

구기

　무릇 한 되의 물을 끓이려면 가루를 재는데 사방 한 치의
숟가락을 사용한다. 만약 엷은 차맛을 좋아하는 자는 양을 줄
이고 진한 차맛을 즐기는 자는 양을 더하는 것으로 그것을
'구기'라고 한다.


〈交床¹⁾〉

交床 以十字交之 剜中令虛²⁾ 以支鍑³⁾也

〈夾⁴⁾〉

夾 以小靑竹爲之 長一尺二寸 令一寸有節 節已上 剖之 以炙
茶也 彼竹之篠⁵⁾ 津潤于火 假其香潔 以益茶味 恐非林谷間 莫之
致 或用精鐵 熟銅⁶⁾之類 取其久也

〈紙囊⁷⁾〉

紙囊 以剡藤紙⁸⁾白厚者 夾縫之 以貯所炙茶 使不泄其香也

〈碾〔拂末⁹⁾〕〉

碾 以橘木爲之 次以梨桑桐柘爲之 內圓而外方 內圓備於運行
也 外方 制其傾危也 內容墮¹⁰⁾而外無餘木 墮形 如車輪 不輻〔輪
轑也〕而軸焉 長九寸 濶一寸七分 墮徑三寸 分中厚一寸 邊厚半
寸 軸中方而執圓 其拂末 以鳥羽製之

〈羅合[11]〉

羅末 以合蓋貯之 以則置合中 用巨竹剖而屈之 以紗絹衣之其
合 以竹節爲之 或屈杉[12]以漆之 高三寸 蓋一寸 底二寸 口徑四寸

〈則[13]〉

則 以海貝 蠣蛤[14]之屬 或以銅鐵竹匕策之類 則者 量也 淮也
度也 凡煮水一升 用末方寸[15]匕 若好薄者減 嗜濃者增 故曰則也

1) 交床(교상) : 다리가 서로 엇갈려 있는 상.

2) 令虛(영허) : 빈 곳을 만들다.

3) 支鍑(지부) : 솥을 의지하게 하다. 지탱하게 하다.

4) 夾(협) : 집게. 떡차를 끼워서 불에 굽는 기구.

5) 篠(소) : 조릿대.

6) 熟銅(숙동) : 제련한 구리. 곧 정제된 구리.

7) 紙囊(지낭) : 종이 봉지. 일명 종이주머니.

8) 剡藤紙(섬등지) : 섬(剡) 땅에서 나는 등나무의 껍질로 만든 종이. 곧
   종이 이름.

9) 碾拂末(연불말) : 연은 떡차를 갈아내는 기구. 곧 차맷돌의 기구. 불말
   은 차가루 털이개. 말(末)은 가루. 불은 털다.

10) 墮(타) : 연알. 차를 부술 때 쓰는 기구. 약재 등을 가루로 만들 때 쓰
    는 기구. 추.

11) 羅合(나합) : 나(羅)는 체로 차의 가루를 걸러내는 것. 합(合)은 함으
    로 상자를 말한다.

12) 杉(삼) : 삼나무.

13) 則(즉) : 구기. 지금 말하는 일종의 수저와 같은 것으로 차의 양을 헤
    아리는 기구.

14) 蠣蛤(여합) : 여는 굴조개. 합은 큰 대합.

15) 方寸(방촌) : 사방 한 치.

## 라. 물통, 물거르는 자루, 표주박, 대젓가락

〈수방(水方 : 물통)〉

물통은 주(楜)나무, 홰나무,
개오동나무, 가래나무 등으
로 합하여 만든다.

그 안과 밖을 함께 꿰맨 곳
에는 옻칠을 한다. 한 말을 받게
한다.

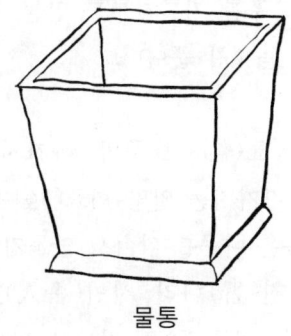

물통

〈녹수낭(漉水囊 : 물 거르는 자루)〉

물을 거르는 자루는 항상 사
용하는 것과 같다. 그 격
(格 : 막는 것)은 생동(生
銅)을 부어 만들어 물의 습
기를 대비하고 이끼가 끼거
나 녹동이 깔짝거리지 않게
한다.

정제된 구리로 하면
더러운 이끼가 끼고 쇠로
하면 날비린내가 나며 떫어지게
된다. 수풀에서 살고 산계곡에서 숨어
사는 자는 혹은 대와 나무를 사용하

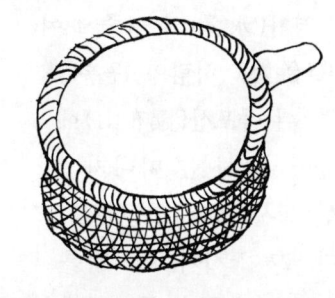

물거르는 자루

는데 나무와 대는 오래 지탱하고 오랜 세월을 견디지 못한다.

그러므로 생동(生銅)을 쓴다.

그 자루는 푸른 대로 짠 것을 말아서 만들고 벽겸(碧縑)을 재단하여 기우고 비취색 나전조각을 가늘게 하여 연결시키고 또 푸른 기름자루를 만들어 저장한다. 둘레의 직경은 5치, 자루는 1치5푼이다.

〈표(瓢 : 표주박, 바가지)〉

바가지는 일명 희표(犧杓)라고 한다. 박을 갈라서 만드는데 혹은 나무를 깎아서 만들기도 한다.

진(晋)나라 사인(舍人)인 두육(杜毓)이 지은 「천부(荈賦 : 차를 찬양한 것)」에 이르기를 '찻잔은 박으로 한다.'고 했다. 박은 바가지이다. 입이 넓고 정강이는 얇으며 자루는 짧다.

영가(永嘉)의 연중에 여요(餘姚) 사람인 우홍(虞洪)이 폭포산(瀑布山)에 들어가 차를 따다가 한 도사(道士)를 만났다. 그 도사가 이르기를 '나는 단구자(丹丘子)이다. 그대에게 비는데 다른 날에 단지나 술그릇의 여분이 있거든 서로 보내도록 비네.'라고 하였다. 술그릇(犧)은 나

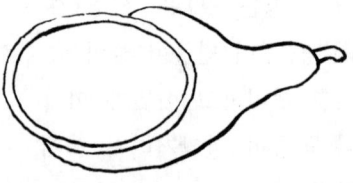

표주박

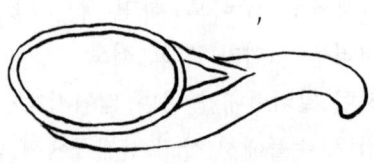

배나무표주박

무 구기이다. 지금은 늘 쓰고 있으며 배나무로 만든 것이다.

〈죽협(竹夾 : 대젓가락)〉

대젓가락은 혹은 복숭아나무, 버드나무, 빈랑나무로 만들거나 혹은 감나무 심으로 만

든다. 길이는 한 자.
양쪽의 머리를 은
(銀)으로 싼다.

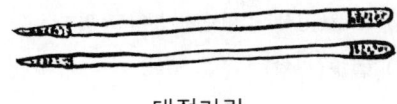

대젓가락

〈水方[1]〉

水方 以椆木[2]〔音冑 木名也〕槐楸梓等合之 其裏 幷外縫漆之
受一斗

〈漉水囊[3]〉

漉水囊 若常用者 其格 以生銅[4] 鑄之 以備水濕 無有苔穢[5] 腥
澁[6]意 以熟銅苔穢 鐵腥澁也 林栖谷隱者 或用之竹木 木與竹 非
持久涉遠之具 故用之生銅 其囊 織靑竹 以捲之 裁碧縑[7] 以縫之
細翠鈿[8] 以綴之 又作綠油囊 以貯之 圓徑五寸 柄一寸五分

〈瓢[9]〉

瓢一曰犧杓[10] 剖瓠爲之 或刊木爲之 晋舍人[11] 杜毓[12] 荈賦云
酌之以瓠 瓠瓢也 口濶 脛薄柄短 永嘉[13]中 餘姚[14]人 虞洪[15] 入
瀑布山[16] 採茗 遇一道士 云吾丹丘子[17] 祈子 他日 甌犧[18]之餘乞
相遺也 犧木杓也 今常用 以梨木爲之

〈竹夾〉

竹夾 或以桃柳蒲葵[19]木爲之 或以柿心木爲之 長一尺 銀裏兩頭

1) 水方(수방) : 물통.

2) 楠木(주목) : 발음은 주(胄)이다. 주목은 나무 이름인데 무슨 나무인지 모르겠다.

3) 漉水囊(녹수낭) : 물을 거르는 주머니(자루).

4) 生銅(생동) : 생구리. 정제되지 않은 구리.

5) 苔穢(태예) : 이끼가 끼고 더럽다.

6) 腥澁(성삽) : 비린내가 나고 떫다.

7) 碧縑(벽겸) : 푸른 비단.

8) 翠鈿(취전) : 푸른색의 소라껍질.

9) 瓢(표) : 바가지. 박의 중앙을 절단하여 만든 것.

10) 犧杓(희표) : 비취의 술잔. 또는 술 구기.

11) 晋舍人(진사인) : 진(晋)나라 때 궁중관에서 숙직하며 지내는 벼슬 이름.

12) 杜毓(두육) : 두육은 두육(杜育)이라고도 하며 하남성 출신. 영흥(永興) 연간에 여남태수(汝南太守)를 지내고 영가(永嘉)년에는 우장군(右將軍)을 역임한 다음, 뒷날에 국자제주(國子祭酒)가 되었다. 그가 남긴 최고의 차에 대한 시(詩)인 '천부(荈賦)'는 당(唐)나라 구양순(歐陽洵)의 『예문유취(藝文類聚)』82권에 들어 있다.

13) 永嘉(영가) : 진(晋)나라 회제(懷帝)의 연호.

14) 餘姚(여요) : 지금의 절강성 여요현이다.

15) 虞洪(우홍) : 여요(餘姚)땅에 사는 우홍인데 누구인지 기록이 자세하지 않다.

16) 瀑布山(폭포산) : 절강성 여요현의 서남방 60리 지점에 있는 지금의 백수산(白水山)이다.

17) 丹丘子(단구자) : 진(晋)의 갈현(葛玄)에게 연단(煉丹)의 처방을 가르쳐 준 사람.

18) 甌犧(구희) : 사발(단지)이나 구기.

19) 蒲葵(포규) : 빈랑(檳榔)나무. 야자과에 속하는 상록교목.


## 마. 소금단지, 주걱, 익은물바리, 주발, 삼태기

〈차궤(鹺簋 : 소금단지) ·
주걱(揭)〉

소금단지는 오지그릇으로 만
든다. 원의 지름은 4치이
다. 함모양과 같은데 혹은
병이나 혹은 술그릇 같은
것으로 소금가루를 저장하는
것이다. 그 드는 것은 대나
무로 만들며 길이는 4치1푼,
넓이는 9푼이다. 드는 것은 책
(策)과 같다.

〈숙우(熟盂 : 구워 익힌 물
사발)〉

구워 익힌 물사발은 걸

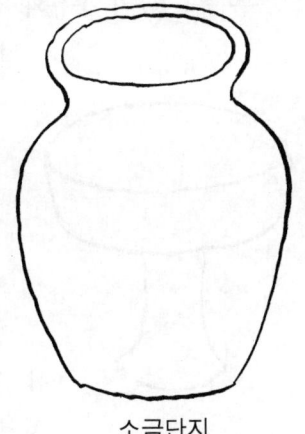

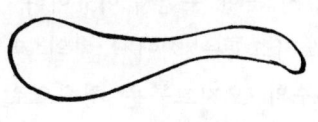

주걱                          소금단지

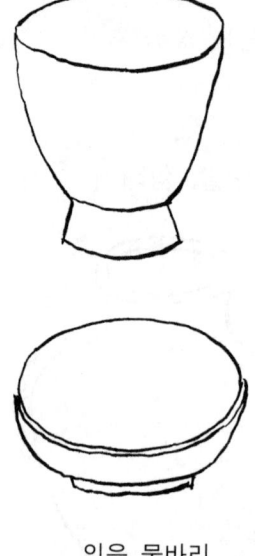

익은 물바리

러진 물을 저장한다. 혹은 오지그릇으로 하고 혹은 사기그릇으로 한다. 2되를 담는다.

〈완(盌 : 주발)〉

주발은 월주(越州)의 것이 상등품이고 정주(鼎州)의 것이 차등품이고 무주(婺州)의 것이 그 다음이고 악주(岳州)의 것이 다음이고 수주(壽州)·홍주(洪州)의 것이 그 다음이다.

어떤이는 형주(邢州)의 것을 월주(越州)것보다 상등품이라고 자처하는데 절대로 그렇지 않다.

형주의 오지그릇은 은(銀)의 종류라면 월주(越州)의 오지그릇은 옥(玉)의 종류와 같을 뿐이다. 형주의 생산품이 월주의 생산품보다 못한 첫번째 이유이다.

또 형주의 오지그릇은 눈(雪)과 같은 종류이지만 월주의 오지그릇은 얼음과 같은 종류로써 형주의 생산품이 월주의 생산품만 같지 못한 두번째 이유이다.

형주의 오지그릇은 희어서 차의 색이 붉고 월주의 오지그릇은 청색으로 차의 빛깔이 녹색이다. 이것이 형주의

주발

오지그릇이 월주의 오지그릇보다 못한 세번째 이유이다.

진(晋)나라 두육(杜毓)의 「천부 : 荈賦)」에 이르기를 '그릇을 고르고 질그릇을 선택하는데 동구(東甌)로부터 나온다.' 라고 하였다. 구(甌)는 월주(越州)를 가리킨다.

사발은 월주(越州)의 상품이 상등품이다. 그 사발은 입술이 말리지 않았고 밑이 말리고 얇아서 반 되 이하의 물을 담는다.

월주의 오지그릇과 악주(岳州)의 오지그릇은 다 청색이다. 청색이기 때문에 차의 색과 더하여져 차가 백홍색(白紅色)으로 보인다.

형주의 오지그릇은 백색으로 차의 색이 붉게 보인다. 수주(壽州)의 오지그릇은 황색이므로 차의 색깔은 자주색으로 보인다. 홍주(洪州)의 오지그릇은 갈색이므로 차의 색깔은 검게 보인다. 모두 차의 배색에 마땅하지가 않다.

〈분(畚 : 삼태기, 통구미)〉

삼태기는 흰 부들을 말아서 짜는데 주발 10개를 저장할 수 있다. 혹은 광주리로 사용하기도 한다. 그 종이수건은 섬(剡)땅의 종이로써 맞꿰매 네모지게 하며 또한 10개로써 한다.

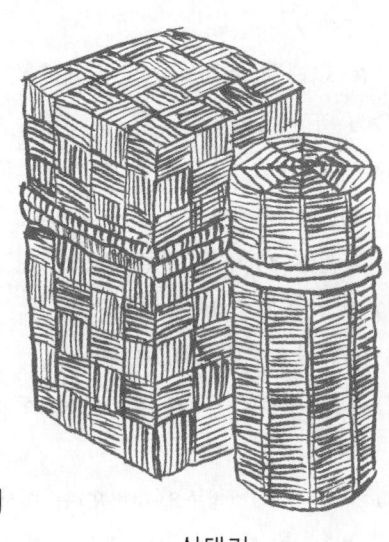

삼태기

〈鹺簋<sup>1)</sup>〔揭〕<sup>2)</sup>〉

鹺簋 以瓷爲之 圓徑四寸 若合形〔合通盒〕 或瓶 或罍 貯鹽花也
其揭竹制 長四寸一分 濶九分 揭策也

〈熟盂<sup>3)</sup>〉

熟盂 以貯熟水<sup>4)</sup> 或瓷 或沙 受二升

〈盌<sup>5)</sup>〉

盌越州<sup>6)</sup>上 鼎州<sup>7)</sup>次 婺州<sup>8)</sup>次 岳州<sup>9)</sup>次 壽州<sup>10)</sup>洪州<sup>11)</sup>次 或者 以
邢州<sup>12)</sup> 處越州上 殊爲不然 若邢瓷類銀 越瓷類玉 邢不如越 一
也 若邢瓷類雪 則越瓷類永 邢不如越 二也 邢瓷白 而茶色丹 越
瓷青 而茶色綠邢不如越 三也 晋杜毓 荈賦所謂 器擇陶揀 出自
東甌 甌越也 甌越州上 口脣不卷 底卷而淺 受半升已下 越州瓷
岳瓷 皆青 青則益茶 茶作白紅之色 邢州瓷白 茶色紅 壽州瓷黃
茶色紫 洪州瓷褐 茶色黑 悉不宜茶

〈畚<sup>13)</sup>〉

畚 以白蒲 捲而編之 可貯盌十枚 或用筥 其紙帊 以剡紙夾縫
令方 亦十之也

1) 鹺簋 (차궤) : 소금을 담은 궤. 곧 소금담는 그릇.

2) 揭 (게) : 주걱의 일종. 소금을 적당량 푸는 주걱.

3) 熟盂 (숙우) : 구워 익힌 사발.

4) 熟水 (숙수) : 걸러서 담은 물.

5) 盌 (완) : 주발. 오지그릇 주발.

6) 越州 (월주) : 지금의 절강성 여요현이며 당나라에서는 강남(江南)에
   속한다.

7) 鼎州 (정주) : 정주요(鼎州窯)는 섬서성 동천시 황보전에 있는데 당
   (唐)나라 때는 정주라고 했다.

8) 婺州(무주) : 지금의 절강성 금화부(金華府)인데 당(唐)나라 때는 무
   주이다.

9) 岳州(악주) : 호남성 악주부(岳州府)인데 당(唐)나라 때는 악주라고
   했다.

10) 壽州(수주) : 중도(中都) 봉양부(鳳陽府)인데 당(唐)나라 때는 수주
    라고 했다.

11) 洪州(홍주) : 강서(江西) 남창부(南昌府)인데 당(唐)나라 때에는
    황주라고 했다.

12) 邢州(형주) : 북직예(北直隷) 순덕부(順德府)인데 당(唐)나라 때에
    는 형주라고 했다.

13) 畚(분) : 삼태기. 또는 통구미의 일종이다.


## 바. 솔, 씻는물통, 찌꺼기통, 수건, 진열장, 모듬바구니

〈찰(札 : 패＝솔)〉

찰(札)은 병려(枹
櫚)나무의 껍질을
이어서 수유목(茱萸
木)을 끼워 묶는다.

혹은 자른 대나무
를 묶어서 대롱으
로 삼는다. 이것
은 큰 붓의 모양과
같다.

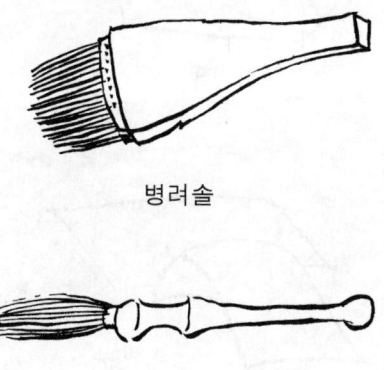

병려솔

대나무솔

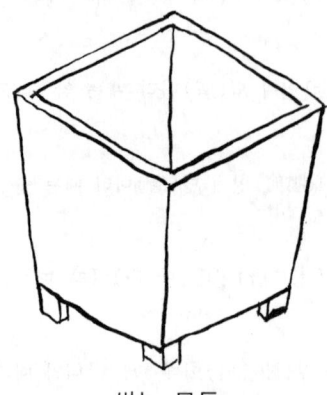

씻는 물통

〈척방(滌方 : 씻는 물통)〉
 씻는 물통은 세척하고
남은 것을 저장한다. 가
래나무를 사용하여 합쳐
서 물통과 같이 만든다.
8되를 담는다.

〈재방(滓方 : 찌꺼기통)〉
 찌꺼기통은 모든 찌꺼기
를 모은다. 만드는 방법은
씻는 물통을 만드는 방법
과 같다. 5되가 들어가게
한다.

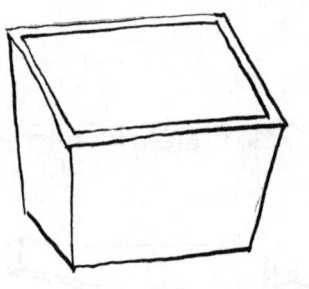

찌꺼기통

〈건(巾 : 수건, 행주)〉
 수건(행주)은 명주베로
만든다.
 길이는 2자이다. 2장을
만들어 서로 번갈아 쓴
다. 모든 그릇을 깨끗하게
한다.

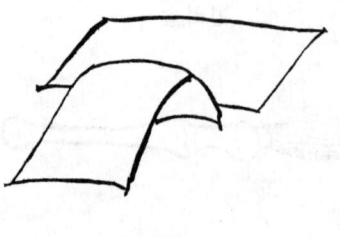

행주

〈구열(具列 : 진열장)〉
 진열장(도구를 나열하는 곳)

은 혹은 상(床)처럼 만들
거나 혹은 시렁처럼
만든다. 혹은 순
전히 나무로 하기
도 하고 혹은 순전
히 대나무로 만들
기도 한다. 혹은 나
무나 혹은 대나무
일 뿐이다. 누렇고 검게
구분하여 옻칠을 하
는 것이다.

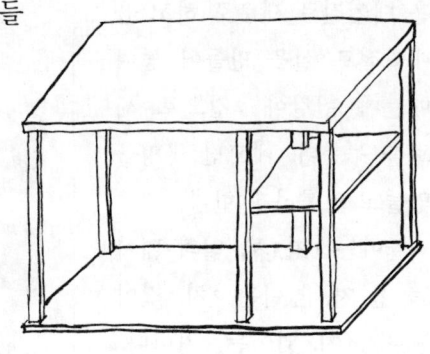

 길이는 3자,
넓이는 2자, 높
이는 6치이다.

 진열장은 모든 기
물을 거두어 다 진열
하는 것이다.

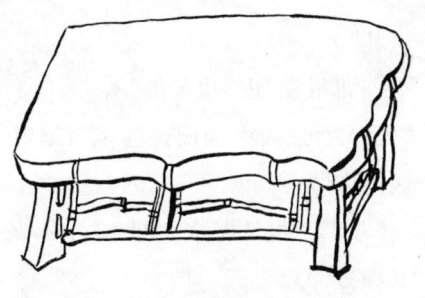

진열장

 〈도람(都籃 : 모듬바구니)〉
 모듬 바구니는 모든 그릇
을 다 넣어두기 때문에
이름하는 것이다. 대
나무껍질로 만드는데
안은 삼각형의 모난 구
멍을 만든다. 밖은 두 겹의 넓

모듬바구니

은 대껍질로 세로로 하고 흩
대껍질로 실을 만들어 동여
매는데 번갈아 2겹으로 세
로를 누른다. 네모난 구멍을
만들고 영롱하게 한다.

　높이는 1자5치, 밑의 넓이
는 한 자, 높이는 2치, 길이
는 2자4치, 넓이는 2자이다.

북송(北宋)의 요주요호(耀州窯壺)
협서(陝西)의 찻물 따르개

〈札¹⁾〉

札　緝栟櫚²⁾皮　以茱萸³⁾木
夾而縛之 或截竹 束而管之 若巨筆形

〈滌方⁴⁾〉

滌方 以貯滌洗之餘 用楸木 合之 制如水方 受八升

〈滓方⁵⁾〉

滓方 以集諸滓 制如滌方 處五升

〈巾⁶⁾〉

巾 以絁布爲之 長二尺 作二枚 互用之 以潔諸器

〈具列⁷⁾〉

具列 或作床 或作架 或純木 純竹而製之 或木 或竹 黃黑 可局
而漆者 長三尺 潤二尺 高六寸 具列者 悉斂諸器物 悉以陳列也

〈都籃⁸⁾〉

都籃 以悉設諸器 而名之 以竹篾 內作三角方眼 外以雙篾⁹⁾潤
者 經之 以單篾纖者 縛之 遞壓 雙經 作方眼 使玲瓏¹⁰⁾ 高一尺
五寸 底潤一尺 高二寸 長二尺四寸 潤二尺

1) 札(찰) : 패. 나무껍질을 묶어서 솔과 같은 용도로 쓰는 것.

2) 栟櫚(병려) : 종려나무와 같다. 야자과에 속하는 상록교목. 큰 잎은 부
   채살처럼 갈라져 있으며 노르스름한 잔꽃은 종어(棕魚)라고 하여 요리
   에 쓰인다.

3) 茱萸(수유) : 수유나무. 운향과에 속하는 낙엽교목. 열매 기름을 짜서
   머릿기름으로 쓰며 또 9월 9일에 높은 산에 올라가서 이 열매를 머리에
   꽂으면 사특한 기운을 물리친다고 한다. 오수유라고도 한다.

4) 滌方(척방) : 세척하는 통.

5) 滓方(재방) : 찌꺼기를 담는 통.

6) 巾(건) : 수건. 일종의 행주.

7) 具列(구열) : 도구의 진열장. 또는 모든 기물을 두는 곳.

8) 都籃(도람) : 모듬 바구니. 곧 차의 그릇을 담는 큰 바구니.

9) 雙篾(쌍멸) : 겹쳐진 대껍질.

10) 玲瓏(영롱) : 투명한 모양.

# 다경 하권(茶經下卷)

차를 마시는 것으로 삼은 것은
신농씨(神農氏)에서부터 시작하여
노(魯)나라 주공(周公)에게서 널리 알려졌다.
제(齊)나라에는 안영(晏嬰)이 있었고
한(漢)나라에는 양웅(揚雄)과
사마상여(司馬相如)가 있었고
오(吳)나라에는 위요(韋曜)가 있었고
진(晋)나라에는 유곤(劉琨)과 장재(張載)와
먼 조상인 육납(遠祖納)과 사안(謝安)과
좌사(左思)의 무리가 있었는데
모두가 차를 마셨다.

# 5. 다섯째, 차 다리기〔五之煮〕

## 가. 차는 조심하여 구워야 한다

무릇 차를 구울 때는 조심하여 바람과 불똥이 있는 사이에
서는 굽지 말아야 한다. 불똥이나 불꽃은 송곳과 같아서 덥고
찬 것이 고르지 않기 때문이다.

집게에 끼워가지고 불에 가까이 대고 자주 그것을 까불러
바르게 하여 통째로 구워지도록 기다린다.

작은 언덕 모양이나 두꺼비의 등처럼 나타난 연후에야 불에
서 5치를 떠나 말렸다 펴지면 그 처음과 같이 하여 또 굽는다.

만약 불에 말린 것
이라면 기운이 물러
진 것 같으면 중지하
고 햇빛에 말린 것이
라면 부드러워지면
중지한다.

그 처음에 차가 지
극히 어린 것을 쪄서
뜨거울 때 찧으면 잎

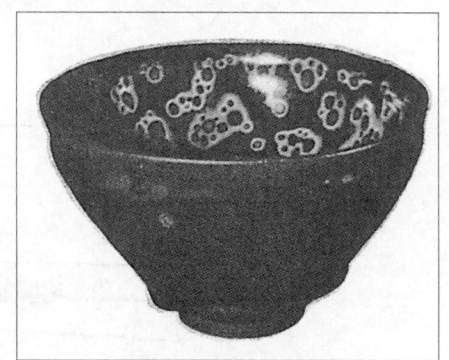

남송(南宋) 복건요(福建窯)
유적천목(油滴天目)의 찻주발

은 문드러지고 싹이나 순(筍)만 남는다.

힘이 있는 자를 시켜 천근의 절구를 가지고도 또한 문드러지게 할 수 없다.

칠과주(漆科珠)와 같아서 힘센 장사가 맞이하여 힘을 쓰더라도 그 손가락 자국을 남기지 못한다.

완성되게 되면 양골(穰骨)이 없는 것과 같이 된다.

구우면 그 마디가 예예하여 어린아이의 팔뚝같이 된다.

이미 열을 받은 차는 종이주머니를 사용하여 저장한다.

정화(精華)한 기운이 흩어지고 넘칠 곳이 없다.

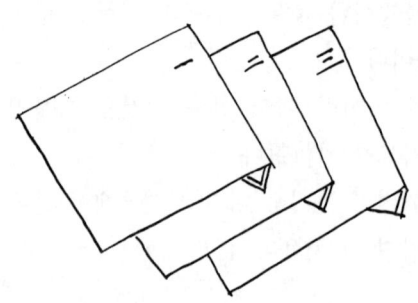

식을 때를 기다렸다가 가루로 만든다.
[가루의 상등품은 그 잔부스러기가 가는 쌀과 같고 가루의 하등품은 그 잔부스러기가 마름열매 깍지와 같다.]

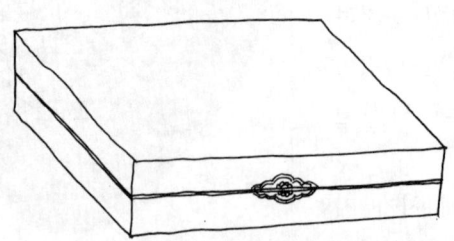

일본식 종이주머니와 종이주머니상자

## 五之煮

凡炙茶 愼勿於風爐<sup>1)</sup>間炙 慄熖如鑽 使炎涼<sup>2)</sup>不均 持以逼火 屢其翻 正候炮〔普敎反〕出培塿<sup>3)</sup>狀 蝦蟆<sup>4)</sup>背然後 去火五寸 卷而舒則本其始 又炙之 若火乾<sup>5)</sup>者 以氣熟止 日乾<sup>6)</sup>者 以柔止 其始 若茶之至嫩者 蒸罷熱 搗葉爛而芽笋存焉 假以力者 持千鈞 杵 亦不之爛 如漆科珠<sup>7)</sup> 壯士接之 不能駐其指 及就則似無穰骨<sup>8)</sup>也 炙之則其節若倪倪<sup>9)</sup> 如嬰兒之臂耳 旣而承熱 用紙囊貯之 精華之氣 無所散越 候寒 末之〔末之上者 其屑 如細米 末之下者 其屑 如菱角〕

1) 風爐(풍신) : 바람과 불똥.
2) 炎涼(염량) : 덥고 서늘한 것.
3) 培塿(배루) : 작은 언덕. 차잎이 쪼글쪼글하여 작은 언덕이 생긴 것.
4) 蝦蟆(하마) : 두꺼비의 등이 울퉁불퉁한 것을 형상한 것.
5) 火乾(화건) : 불에 쬐어 말린 것.
6) 日乾(일건) : 햇빛에 말린 것.
7) 漆科珠(칠과주) : 무슨 뜻인지 미상하다. 단 김명배(金明培)역『다경』주에는 과(科)는 과(顆)와 소리가 통한다. 과(顆)는『삼국유사(三國遺事)』의「월명사(月明師)와 도솔가(兜率歌)」에 '여러 등급의 차 한 벌과 수정염주 108과를 내렸다.'는 대목이 있는데 여기서의 과(顆)는 주배(珠琲)이다. 따라서 과주(顆珠)는 관주(貫珠)로서 구슬꿰미를 말하는 것으로 풀이된다. 곧 칠과주(漆顆珠)란 옻칠한 구슬꿰미라고 보여진다고 했다.
8) 穰骨(양골) : 지푸라기. 곧 벼의 대.
9) 倪倪(예예) : 어린아이의 부드럽고 말랑말랑한 살결 같은 형상.

## 나. 차를 달일 때는 숯을 쓴다

차를 달일 때 사용하는 불은 숯을 사용하고 다음은 단단한 땔감을 사용한다.〔뽕나무, 홰나무, 오동나무, 상수리나무 종류를 이른다.〕

그 숯은 일찍부터 지지고 굽는 데 사용되어 누린내와 기름기가 숯에 스며들었거나 진이 많은 나무나 썩은 그릇을 숯으로 사용하지 않는 것이다.〔기름진 나무는 잣나무, 계수나무, 노송나무를 말한다. 썩은 그릇은 썩고 부서진 그릇들을 이른다.〕

옛사람들은 노신(勞薪 : 오랫동안 사용한 기구 등을 땔나무로 사용한 것)으로 한 맛이 있다고 하였는데 믿을 수 있는 것이었다.

차를 달이는데 사용하는 물은 산의 물을 쓰는 것이 상등이요, 강의 물은 중등이요, 우물의 물은 하등이다.〔「천부(荈賦)」에 이르기를 '물이라면 민산(岷山) 쪽에서 쏟아지는 맑게 흐르는 것을 쓴다.'고 했다.〕

그 산의 물은 젖샘(乳泉)이나 돌연못에서 서서

남송(南宋) 길주요(吉州窯)
목엽천목(木葉天目)의 찻주발

히 흐르는 것을 선택하는 것이 상등(上等)이다.

그 폭포수처럼 용솟음치거나 소용돌이 치거나 튀는 물은 먹지 말아야 한다. 그러한 물을 오래 먹으면 사람에게 목병이 생긴다.

또 거의 산골짜기에 별도로 흐르는 것은 맑게 잠기어 흘러내리지 않는다.

5, 6월경부터 9월 이전에는 혹 물속에 잠긴 용이 독을 쌓아놓기도 한다. 이 물을 마시려는 자는 먼저 그 나쁜 것을 흐르게 물꼬를 터놓고 새로운 샘물이 넘쳐 흐르게 한 후에 마셔야한다.

또 강물은 사람들이 사는 곳에서 멀리 떨어져 있는 것을 취하고, 우물물은 길어가는 사람이 많은 곳을 취한다.


其火 用炭 次用勁薪[1]〔謂桑槐桐櫪之類也〕 其炭 曾經燔炙[2]爲
膻膩[3]所及 及膏木[4] 敗器[5]不用之〔膏木爲柏桂檜也 敗器 謂杇廢器
也〕古人 有勞薪[6]之味 信哉 其水 用山水上江水中 井水下〔荈賦
所謂 水則岷方[7]之注 揖彼淸流〕其山水 揀乳泉石池[8]慢流者上 其
瀑湧湍漱[9] 勿食之 久食 令人有頸疾 又多別流於山谷者 澄浸不
洩[10] 自火天[11]至霜降[12]以前 或潛龍[13]蓄毒於其間 飮者 可決之以
流其惡 使新泉涓涓然[14]酌之 其江水 取去人遠者 井取汲多者

1) 勁薪(경신) : 단단한 나무. 뽕나무, 홰나무, 오동나무, 상수리나무 등.

2) 燔炙(번자) : 불에 굽다. 고기같은 것을 굽다.

3) 膻膩(전이) : 누린 냄새나 기름기. 곧 숯에 냄새가 스며든 것.

4) 膏木(고목) : 기름기가 많은 나무. 곧 잣나무, 계수나무, 노송나무 등
   진액이 많이 나오는 나무.

5) 敗器(패기) : 목기 등이 부서지고 썩은 것 등의 나무.

6) 勞薪(노신) : 진(晉)나라 순욱(筍勖) 전에 "진(晉)나라 무제(武帝)가 어전에서 먹을 것을 내리는데 바야흐로 밥이 나왔다. 이에 곧 말하기를 '이것은 노신(勞薪 : 오래도록 사용한 나무)으로 불을 때서 만든 것이로다.'라고 했다. 무제가 사람을 시켜 확인해 보니 과연 낡은 수레의 바퀴통살을 때서 지은 밥으로 밝혀졌다."고 했다. '노신'은 이때부터 오랫동안 사용한 기구를 땔나무로 사용한 것이라 했다.

7) 岷方(민방) : 촉(蜀)의 민산(岷山)으로부터 강수(江水)가 흘러나온다.

8) 乳泉石池(유천석지) :『부차산수기(浮槎山水記)』에 "신현(愼縣)의 남쪽 35리에 있는 부차산 위에 돌연못〔石池〕이 있는데 졸졸 흘러 사랑스럽거니와 육우(陸羽)가 말하는 젖샘의 완만하게 흐르는 물이며 이것을 마시면 달다."고 했다.

9) 湍漱(단수) : 소용돌이치고 튀기는 모양.

10) 澄浸不洩(징침불예) : 맑은 것이 잠겨 있으면서 흐르지 않는다.

11) 火天(화천) : 5월에서 6월을 이른다.

12) 霜降(상강) : 서리가 내린다는 뜻이며, 9월을 상강달이라고 한다. 24절기 가운데 가을의 끄트머리.

13) 潛龍(잠용) : 물속에 숨어 있는 용. 용은 봄에는 하늘로 오르고 가을에는 물에 잠긴다고 했다.

14) 涓涓然(연연연) : 물이 졸졸졸 흐르는 모양.


## 다. 쇠북 치는 소리가 나면 끓는다고 한다

그 물이 끓는 것은 고기의 눈알과 같은 물방울이 있고 가느다랗게 소리가 나는 것이 첫째 끓는 것이다.

솥의 선이 있는
가장자리쪽이 솟
아오르는 샘과 같
고 구슬이 이어진
것과 같이 물방울
이 올라오는 것을
두번째 끓는 것이
라고 한다.

남송(南宋) 복건요(福建窯) 제품의 찻주발

파도가 오르고
요란한 소리와 함께 파도치듯 솟아오르는 것을 세번째 끓는
것이라고 한다.

그 이상 끓으면 물이 늙어서 가히 먹지 못하는 것이다.

처음 끓을 때는 물의 양을 맞추고 소금으로 맛을 조절한다.
그 마시던 나머지를 버리라고 이르는 것은 그 짠것만 남고 그
한 가지 맛도 모을 수가 없기 때문이다.

두번째 끓어오르면 물을 하나의 표주박에 퍼내고 대젓가락
으로 심하게 끓는 물의 중심을 휘저어서 찻가루를 헤아려 한
가운데로 맞추어 떨어뜨린다.

조금 있다가 끓는 기세가 성난 파도처럼 거품을 뿌리며 밖
으로 넘쳐 흐르듯이 하면 그치게 하고 그 가루를 기르는 것
이다.

무릇 여러 사발에 차를 따라 놓을 때는 거품이나 찌꺼기〔餑〕
를 고르게 한다.

거품이나 발(餑 : 찌꺼기)은 끓은 것의 가루이다. 가루가 엷
은 것을 '거품'이라고 하고 두꺼운 것을 '발(餑)'이라고 하고

가늘고 가벼운 것을 '꽃'이라고 한다.

꽃은 대추꽃이 둥근 연못 위에 두둥실 떠있는 것과 같으며 또 도는 연못과 구부러진 연못에 푸른 부평초가 처음 자라는 것과 같으며 또 상쾌하고 명랑하게 개인 하늘에 뜬구름이 고기비늘과 같이 떠있는 것과 같다.

그 거품은 녹전(綠錢)이 물가에 떠있는 것과 같고 또 국화꽃잎이 술단지의 가운데에 떨어져 있는 것과 같다.

차의 발(餑)이란 것은 차의 찌꺼기를 달여서 끓어오르게 되면 겹쳐진 꽃이나 쌓여진 거품이 희득희득하게 눈이 쌓인 것과 같은 것이다.

「천부(荈賦)」에 이르기를 '빛나기가 눈이 쌓인 것과 같고 화려하기가 봄의 꽃과 같은 것이 있네.' 라고 하였다.

其沸 如魚目¹⁾ 微有聲爲一沸 緣邊如湧泉連珠²⁾爲二沸 騰波鼓浪³⁾爲三沸 已上 水老⁴⁾不可食也 初沸則水合量 調之以鹽味 謂棄其啜餘〔啜嘗也 市稅反 又市悅反〕無迺䴸䵃⁵⁾而 鍾其一味乎〔䴸古暫反 䵃吐濫反 無味也〕第二沸出水一瓢 以竹夾 環激湯心 則量末當中心而下 有頃勢若奔濤濺沫⁶⁾ 以所出水止之 而育其華也 凡酌置諸盌 令沫餑⁷⁾均〔字書幷本草 餑均茗沫也 蒲笏反〕沫餑湯之華也 華之薄者曰沫 厚者曰餑 細輕者曰花 如棗花 漂漂然於環池之上 又如廻潭曲渚⁸⁾青萍之始生 又如晴天爽朗⁹⁾有浮雲¹⁰⁾鱗然其沫者 若綠錢¹¹⁾浮於水湄¹²⁾ 又如菊英¹³⁾墮於罇俎¹⁴⁾之中 餑者以滓煮之 及沸 則重華累沫 皤皤然¹⁵⁾若積雪耳 荈賦所謂 煥如積雪 燁若春藪¹⁶⁾有之

1) 魚目(어목) : 물고기의 눈알. 둥그렇고 구슬처럼 생겼다.

2) 湧泉連珠(용천연주) : 물이 끓어오를 때 용솟음치면서 방울(구슬)이
   계속 이어져 솟아오르는 모양.

3) 騰波鼓浪(등파고랑) : 파도가 출렁거리고 북을 울리듯 요란한 소리와
   함께 물이 오르는 것.

4) 水老(수로) : 물이 너무 끓어서 생기가 없는 물. 죽은 물.

5) 餡鹽(감염) : 짠 소금.

6) 奔濤濺沫(분도천말) : 성난 파도처럼 거품을 뿌리다. 거품을 일으키다.

7) 沫餑(말발) : 맑은 거품. 발은 찌꺼기의 모아진 것.

8) 廻潭曲渚(회담곡도) : 회전하는 연못, 굽은 연못.

9) 晴天爽朗(청천상랑) : 비가 그친 하늘. 상쾌하고 맑게 개인 하늘.

10) 浮雲(부운) : 뜬구름.

11) 綠錢(녹전) : 이끼.

12) 水湄(수미) : 물가.

13) 菊英(국영) : 국화꽃의 별칭.

14) 尊俎(준조) : 술그릇이나 도마.

15) 皤皤然(파파연) : 흰것이 풍성하게 쌓여 있는 것.

16) 春藪(춘부) : 봄꽃.


## 라. 달일 때는 물을 끓여서 버린다

제일 첫번째 달이는 물이 끓으면 버린다. 그 거품의 위에는
물의 막(膜)이 있는데 검은 운모(雲母)와 같다. 마시면 그 맛
이 올바르지가 않다.

그 첫번째의 것을 전영(雋永)이라고 한다.〔전(雋)의 발음은
선·전의 두 발음이 있다 : 지극히 기름지고 맛이 있는 것을 전영이

라고 한다. 전(雋)은 맛있다의 뜻, 영(永)은 길다의 뜻이다. 맛이 뛰어난 것을 전영(雋永)이라 한다. 『한서(漢書)』에는 "괴통(蒯通)이 『전영(雋永)』 20편을 지었다."고 했다.]

어떤 사람은 익힌 것을 묵혀서 저장했다가 가루를 길러서 끓는 것을 돕는데 쓰는 것을 대비한다고 했다.

모든 것은 첫번째와 두번째, 세번째 사발의 것을 마시고 그 다음의 네번째와 다섯번째 사발 이외에는 목마른 것이 심하지 않으면 마시지 말아야 한다.

무릇 물 한 되를 달여서 5사발로 나누어 담는다.〔사발의 수효는 작으면 3사발에 이르고 많으면 5사발까지 이른다. 만약 사람이 많아 10명에 이르면 풍로를 2개로 한다.〕

뜨거운 것을 계속하여 마시는데 무겁고 탁한 것은 그 아래에 엉키고 정영(精英)은 그 위에 뜬다. 차가워지는 것 같으면 정영이 기운을 따라서 없어진다. 계속 마셔도 녹지 않는 것도 또한 그러한 것이다.

차의 성품은 검소한 것으로 넓은 것은 마땅하지 않다. 곧 그 맛이 어스레하기 때문이다.

또 하나 가득 사발에 담긴 것 같은 것은 절반을 마셔도 맛이 모자란다. 하물며 그 넓은 것이랴.

남송(南宋) 길주요(吉州窯)
천목(天目) 찻주발

그 빛깔은 담황색이다. 그 향기는 지극히 아름다운 것이다.
〔향이 지극히 아름다운 것을 '사'라고 한다.〕

그 맛이 단 것은 가(檟)이고 달지 않고 쓴 것은 천(荈)이요,
마시면 쓰고 목구멍으로 넘어가면 단 것이 차이다.〔어떤 책에는
그 맛이 쓰고 달지 않은 것이 가(檟)이고, 달고 쓰지 않은 것이 천
(荈)이라고 했다.〕

第一煮 水沸而棄 其沫之上有水膜如黑雲母[1] 飲之則其味不正
其第一者爲雋永〔徐縣·全縣二反 至美者曰雋永 雋味也 永長也 味長
曰雋永 漢書[2] 蒯通[3]著雋永二十篇也〕或留熟以貯之 以備育華救沸
之用 諸第一與第二 第三盌 次之 第四 第五盌外 非渴甚 莫之飲
凡煮水一升 酌分五盌〔盌數 少至三 多至五 若人多至十 加兩爐〕乘
熱連飲之 以重濁凝其下 精英[4]浮其上 如冷 則精英隨氣而竭
飲啜不消亦然矣 茶性儉 不宜廣 則其味黯澹[5] 且如一滿盌 啜半
而味寡 況其廣乎 其色緗[6]也 其馨欸也〔香至美 曰欸 欸音使〕其味
甘檟[7]也 不甘而苦荈也 啜苦咽甘茶也〔一本云 其味 苦而不甘檟也
甘而不苦荈也〕

1) 雲母(운모) : 돌비늘. 판상(板狀) 또는 편상(片狀)의 규산(珪酸)광물.
   화강암 속에 많이 들어 있으며 갈라지는 성질이 있다. 흑색, 백색의 두
   가지가 있으며 백운모는 유리의 대용. 전기 전열체 등에 쓰인다.

2) 漢書(한서) : 반고(班固)가 찬한 책.

3) 蒯通(괴통) : 한신(韓信)의 부하로 본명은 철(徹)이다. 한신에게 모반
   하기를 꾀했는데 한신이 듣지 않았다. 범양(范陽)사람으로 본래는 제
   (齊)나라의 변사(辯士)였다. 한(漢)나라 무제(武帝)의 휘(諱)가 철
   (徹)이라 통(通)으로 사용하였다. 『한서』열전 45권에 괴통전이 있다.

4) 精英(정영) : 혼이 깃들인 것.

5) 黯澹(암담) : 어스레하다. 침침하다.

6) 緗(상) : 담황색의 빛깔.

7) 檟(가) : 개오동나무. 여기서는 개오동나무의 열매를 뜻하는 것 같다.

# 6. 여섯번째, 차 마시기〔六之飮〕

## 가. 혼미한 것을 흩어지게 하려면 차를 마신다

날개로써 나는 새나 털이 나서 달리는 짐승이나 입을 벌리고 말하는 사람. 이 3가지 종류들은 다 함께 하늘과 땅 사이에 살면서 마시고 쪼아 먹으면서 생활을 한다.

마신다는 것의 의의가 오래전부터였다.

목마른 것을 구제하려면 간장을 마시고 근심이나 분노를 털어 버리려면 술을 마시고 어둡고 침침한 것을 씻어 버리려면 차를 마시는데 이른다.

차를 마시는 것으로 삼은 것은 신농씨(神農氏)에서부터 시작하여 노(魯)나라 주공(周公)에게서 널리 알려졌다. 제(齊)나라에는 안영(晏嬰)이 있었고 한(漢)나라에는 양웅(揚雄)과 사마상여(司馬相如)가 있었고

송(宋)나라 요주요(耀州窯) 청자(靑磁)의 찻물 따르개와 찻주발

오(吳)나라에는 위요(韋曜)가 있었고 진(晉)나라에는 유곤(劉琨)과 장재(張載)와 먼 조상인 육납〔遠祖納〕과 사안(謝安)과 좌사(左思)의 무리가 있었는데 모두가 차를 마셨다.

시대의 흐름에 따라서 풍속으로 차츰차츰 젖어들어 당(唐)나라 초기부터 성대하게 행하여졌다. 이때부터 낙양(洛陽)과 장안(長安)과 형주(荊州)와 파유(巴渝)지방 사이에서 집안에서 친밀하게 여기는 음료로 삼았다.

### 六之飮

翼而飛 毛而走 呿而言 此三者 俱生於天地間 飮啄以活 飮之時義遠矣哉 至若救渴飮之 以漿 蠲憂忿飮之 以酒 蕩昏寐飮之 以茶 茶之爲飮 發乎神農氏[1] 聞於魯周公 齊有晏嬰[2] 漢有揚雄 司馬相如[3] 吳有韋曜[4] 晋有劉琨[5] 張載[6] 遠祖納[7] 謝安[8] 左思[9]之徒 皆飮焉 滂時浸俗 盛於國朝[10] 兩都[11]幷荊兪[12]間 以爲比屋[13]之飮

1) 神農氏(신농씨) : 염제 신농씨(炎帝神農氏)로 성은 강(姜)씨다. 몸은 사람이나 머리는 소의 모양을 닮은 괴상한 풍모였다. 태호 복희씨(太昊伏羲氏)의 뒤를 이어 왕이 되었으며 온갖 풀을 맛보고 그 성분을 분석하여 인체에 쓰는 약초를 알아내고 농사짓는 법을 가르쳤으며 진(陳)이라는 곳에 서울을 정하고 나중에 곡부(曲阜)로 옮겼다.

2) 晏嬰(안영) : 춘추시대(春秋時代) 제(齊)나라 재상. 자(字)는 평중(平仲)이다. 검소하기로 유명한 그는 한 벌의 옷을 30년이나 걸쳤다고 한다.

3) 司馬相如(사마상여) : 한(漢)나라의 문장가. 자(字)는 장경(長卿)이며 촉군(蜀郡) 성도(成都) 태생이다. 양효왕(梁孝王)의 객으로 있을 때 읊은 「자허부(子虛賦)」가 한(漢)나라 무제(武帝)에게 알려진 것이 계

기가 되어 무제(武帝)를
섬기게 되었다.

4) 韋曜(위요) : 위요의 자는
홍사(弘嗣)이고 오군(吳
郡)의 운양(雲陽) 태생이
다. 본명은 위소(韋召)였
으나 진(晋)의 무제(武帝)
인 사마소(司馬昭)의 이
름을 피하여 요(曜)로 고

명(明)나라 말기 경덕진(景德鎭)의
오채(五彩) 찻물 따르개

쳤다. 벼슬은 태자 중서자(太子中庶子)를 지냈고 사학과 문학에 재주
가 있었다. 『한서』의 주도 달았다.

5) 劉琨(유곤) : 자는 월석(越石)이며 중산위창(中山魏昌) 사람이다. 동
진(東晋)의 혜제(惠帝) 민제(愍帝) 원제(元帝)를 섬긴 공신이었으며
훗날 선비족(鮮卑族)에게 피살되었다.

6) 張載(장재) : 자는 맹양(孟陽)이다. 서진(西晋)의 무제를 섬겼으며 벼
슬은 중서시랑(中書侍郞)이었다. 문장에 뛰어났으며 그의 아버지가 촉
군(蜀郡)의 태수로 있을 때 만나러 가서 지은 검각(劒閣)의 명문은 무
제에 의하여 검각산에 새겨졌다.

7) 遠祖納(원조납) : 먼 조상인 육납(陸納). 곧 육우의 조상이라는 뜻. 육
납의 자는 조언(祖言)이며 오군(吳郡) 오현(吳縣) 태생이다. 진나라
때 오흥(吳興) 태수와 호부상서(戶部尙書)를 지냈다.

8) 謝安(사안) : 자는 안석(安石)이다. 그는 사마(司馬)·오흥태수(吳興太
守)·태보(太保)를 역임하고 광릉태수(光陵太守)로 있을 때 병사했다.

9) 左思(좌사) : 자는 태충(太沖)이다. 제(齊)의 임치(臨淄) 태생으로 젊
었을 때 '제도부(齊都賦) 삼도부(三都賦)'를 지었는데 이것을 베끼기

위해 낙양(洛陽)의 종이가 귀했다고 했다.

10) 國朝(국조) : 당(唐)나라 건설 초기를 뜻하는 것 같다.

11) 兩都(양도) : 낙양(洛陽)과 장안(長安).

12) 荊兪(형유) : 형주(荊州)와 유주(兪州). 유(兪)는 유(渝).

13) 比屋(비옥) : 집에서 친밀하게 하다.


## 나. 마시는 차에는 각차, 산차, 말차, 병차가 있다

마시는 차는 각차(觕茶 : 거친 차)가 있고 산차(散茶 : 가루로 된 차)가 있고 말차(末茶 : 거친 가루로 된 차)가 있고 병차(餅茶 : 떡차)가 있다.

이에 차를 찧고 볶고 불에 쬐고 절구질하여 4섬 들이 단지 속에 넣어 끓여서 부드럽게 해서 저장하는 것을 엄다(淹茶 : 오래 두는 차)라고 이른다.

혹은 파나 생강이나 대추나 귤껍질이나 수유나 박하(薄荷)

청초(淸初) 덕화요(德化窯)의
찻물 따르개

등을 사용하여 달이는데 백 번을 끓인다.

혹은 떠내서 미끄럽게 하거나 혹은 달여서 거품을 제거한다. 이것은 하수구나 도랑에 물을 버리는 것인데 세상에 내려오는 풍속으로 그치지 않을 따름이다.

오호라! 하늘은 모든

사물을 기르는데 모두 지극한 묘미가 있도다. 사람이 가공하는 것에는 다만 얕고 쉬운 것만을 찾는다.

　의지하는 것은 집으로 집은 정교한 것을 다한다. 입는 것은 옷으로 옷은 정교함을 다한다. 배부르게 하는 것은 음식으로 마시고 먹는 것은 밥과 술인데 모두 정교함을 다하지 않는가!

　飮 有觕茶[1] 散茶[2] 末茶[3] 餠茶[4]者 乃斫 乃熬 乃煬 乃舂 貯於 瓶缶[5]之中 以湯沃[6]焉 謂之痷茶[7] 或用葱 薑 棗 橘皮 茱萸 薄荷 之等 煮之百沸 或揚令滑 或煮去沫 斯溝渠[8]間棄水耳 而習俗不 已 於戱[9] 天育萬物 皆有至妙 人之所工 但獵淺易[10] 所庇者屋 屋精極 所著者衣 衣精極 所飽者 飮食 食與酒 皆精極之

1) 觕茶(각다) : 거칠게 조제한 것. 정성을 들이지 않고 일반적으로 모아 둔 차.

2) 散茶(산다) : 가루로 만든 것. 갈아서 가루로 만든 차.

3) 末茶(말다) : 찧어서 가루로 만든 것. 거친 가루로 된 차.

4) 餠茶(병다) : 떡판으로 찍어 누른 차. 곧 찐 차를 절구질하여 떡판으로 박아낸 차.

5) 瓶缶(병부) : 4섬이나 들어가는 단지.

6) 湯沃(탕옥) : 끓여서 부드럽게 하다.

7) 痷茶(엄다) : 오래 보관하는 차. 엄(痷)은 엄(淹)과 같고 오래 두다. 저장하여 두다.

8) 溝渠(구거) : 도랑. 수로. 하수구.

9) 於戱(어희) : 오호라. 아아. 감탄하는 소리.

10) 淺易(천이) : 얕고 쉬운 것. 곧 만들기 쉬운 것.

## 다. 9가지 어려운 점이 있는 차

차에는 9가지 어려운 것이 있다.

첫째는 차를 만드는 것이다.

둘째는 차의 품질을 분별하는 것이다.

셋째는 차를 달이는 그릇의 좋고 나쁜 것이다.

넷째는 차를 굽거나 달일 때 사용하는 불의 알맞은 정도이다.

다섯째는 차를 달이는 물의 좋고 나쁜 것을 선택하는 것이다.

여섯째는 차잎을 굽는 방법 여하에 따르는 것이다.

일곱째는 떡차를 찧어서 가루로 만드는 방법이다.

여덟째는 차에 물을 붓고 달이는 방법이다.

아홉째는 차를 마시는 방법이다.

날씨가 흐린날 차를 채취하거나 야밤에 불을 쪼이는 것은 차를 만드는 방법이 아니다.

차의 맛을 보고 향기나 냄새를 맡아서 감별하는 것은 차의 품질을 구별하는 방법이 아니다.

노린내가 나는 솥이나 비린내가 나는 찻사발은 차의 그릇으로 적당하지 않다.

진액이 많은 나무나 부엌에서 쓰던 숯은 오염되었기 때문에 차를 달일 때의 불

일본의 찻사발

로 적당하지 않다.

용솟음치는 물이나 막혀 흐르지 않는 물은 차를 달이는 데 적합하지 않은 물이다.

차잎을 쬐일 때 밖은 익히고 안은 생것 그대로인 것은 차잎을 잘 구운 것이 아니다.

차잎을 가루낼 때 푸른색의 가루가 되거나 조금 파르스름한 티끌이 되면 좋은 찻가루가 아니다.

차를 달일 때 어렵게 서투른 방법으로 하거나 어지러운 상태로 달이는 것은 옳게 달이는 것이 아니다.

차를 여름에는 마시고 겨울에는 마시지 않는 것은 마시는 방법이 아니다.

대저 진기하고 드물며 향기가 아름다운 것은 그 사발의 수가 3개이다. 그 다음 것은 사발의 수가 5개이다.

만일 앉아 있는 손님의 숫자가 5명이면 사발 3개를 돌리고 7명이 있으면 주발 5개를 돌린다.

만일 6명 이하일 때에는 사발의 수를 기약하지 않는다. 다만 한 사람을 뺄 따름이며 그 맛있는 차로 뺀 사람에게 보충시키는 것이다.

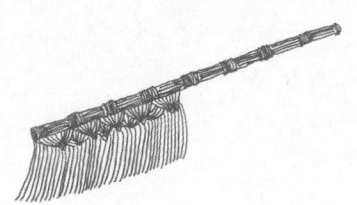

일본의 털이개

茶有九難　一曰造　二曰別　三曰器　四曰火

五曰水 六曰炙 七曰末 八曰煮 九曰飮 陰採夜焙 非造也 嚼味嗅
香 非別也 羶鼎腥甌 非器也 膏薪庖炭 非火也 飛湍壅潦 非水也
外熟內生 非炙也 碧粉縹塵 非末也 操艱攪遽 非煮也 夏興冬癈
非飮也 夫珍鮮馥烈者 其盌數三 次之者 盌數五 若坐客數 至五
行三盌 至七 行五盌 若六人已下 不約盌數 但 闕一人而已 其雋
永 補所闕人

# 7. 일곱번째, 차의 내력〔七之事〕

## 가. 염제신농(炎帝神農)임금 때부터 차를 마셨다

중국의 고대 삼황(三皇 : 伏羲·神農·黃帝)의 한 사람인 염제(炎帝) 신농(神農)임금부터 차를 마시기 시작했다.

그뒤 주(周)나라 때에는 노(魯)나라에 봉(封)해진 문왕(文王)의 아들인 주공단(周公旦)이 이어서 마셨고 춘추시대(春秋時代)에는 제(齊)나라의 재상인 안영(晏嬰 : 平仲)이 그 뒤를 이어 마셨으며 한(漢)나라 때에는 선인(仙人)인 단구자(丹丘子)와 황산군(黃山君)과 문원(文園)의 영(令 : 군수)이 된 사마상여(司馬相如)와 집극(執戟 : 벼슬이름)을 지낸 양웅(揚雄)이 뒤를 이어 차를 마셨다.

오(吳)나라 때에는 귀명후(歸命侯 : 孫皓)와 태부(太傅)를 지낸 위요(韋曜 : 弘嗣)가 뒤를 이어 차를 마셨다.

진(晋)나라 때에는 혜제(惠帝)와 사공(司空)벼슬을 지낸 유곤(劉琨)과 유곤의 조카이며 연주자사(兗州刺史)를 지낸 유연(劉演)이 뒤를 이어 마셨다.

또 황문(黃門)의 장맹양(張孟陽 : 이름은 재(載))과 사예(司隷)를 지낸 부함(傅咸)과 세마(洗馬)벼슬을 지낸 강통(江

統)과 참군(參軍)을 지낸 손초(孫楚)와 기실(記室)을 지낸
좌사(左思 : 字는 太沖)와 오흥태수(吳興太守)를 지낸 육납
(陸納)과 육납의 조카이며 회계내사(會稽內史)를 지낸 육숙
(陸俶)과 관군(冠軍)을 지낸 사안석(謝安石)과 홍농태수
(弘農太守)를 지낸 곽박(郭璞)과 양주태수(揚州太守)를 지
낸 환온(桓溫)과 사인(舍人)을 지낸 두육(杜毓)과 무강(武
康)땅의 소산사(小山寺)에 있는 석법요(釋法瑤)와 패국(沛
國)의 하후개(夏侯愷)와 여요(餘姚)땅의 우홍(虞洪)과 북지
(北地)땅의 부손(傅巽)이나 단양(丹陽)땅의 홍군거(弘君
擧)나 신안(新安)땅의 임육장(任育長)이나 선성(宣城)땅의
진정(秦精)이나 돈황(燉煌)땅의 단도개(單道開)나 섬현(剡
縣)땅의 진무(陳務)의 아내와 광릉(廣陵)땅의 노모(老姥)나
하내(河內)땅의 산겸지(山謙之)가 계속 이어서 차를 마셨다.

후위(後魏)시대에는 낭야(瑯邪)땅의 왕숙(王肅)이 이어서 차를 마셨다.

송(宋)나라 때는 신안왕(新安王)인 자란(子鸞)이 마시

원(元)나라 조맹조(趙孟頫)의 차를 다투는 그림

고 또 자란의 동생이며 예장왕(豫章王)인 자상(子常)이 마시고 포소(鮑昭)의 누이동생인 영휘(令暉)가 마시고 팔공산(八公山)의 사문(沙門)인 담제(譚濟)가 마셨다.

제(齊)나라 때에는 세조(世祖)인 무제(武帝)가 차를 마셨다.

양(梁)나라 때에는 정위(廷尉)의 벼슬을 지낸 유효작(劉孝綽)과 도선생(陶先生)인 홍경(弘景 : 陶潤明)이 마셨다.

또 현재의 조정(당시 당(唐)나라)에서는 영공(英公)의 호칭을 지닌 서적(徐勣)이 마신다.

## 七之事

三皇[1] 炎帝神農氏 周魯周公旦 齊相晏嬰 漢仙人丹丘子 黃山君[2] 司馬文園令[3]相如 揚執戟雄 吳歸命侯[4] 韋太傅弘嗣 晋惠帝[5] 劉司空琨 兄子 兗州刺史演[6] 張黃門孟陽 傳司隸咸[7] 江洗馬統[8] 孫參軍楚 左記室太冲[9] 陸吳興納 納兄子 會稽內史俶[10] 謝冠軍安石 郭弘農璞[11] 桓揚州溫[12] 杜舍人毓 武康 小山寺 釋法瑤[13] 沛國夏侯愷[14] 餘姚虞洪 北地傳巽[15] 丹陽弘君擧[16] 新安任育長[17] 宣城秦精[18] 燉煌單道開[19] 剡縣陳務妻[20] 廣陵老姥[21] 河內山謙之[22] 後魏 瑯琊王肅[23] 宋新安王子鸞[24] 鸞弟豫章王子常[25] 鮑昭妹令暉[26] 八公山沙門譚濟[27] 齊世祖武帝[28] 梁劉廷尉[29] 陶先生弘景[30] 皇朝 徐(李)英公勣[31]

1) 三皇(삼황) : 복희(伏羲)·신농(神農)·황제(黃帝)의 3인을 삼황(三皇)이라 일컫는다.

2) 黃山君(황산군) : 도연명(陶淵明)의 『잡록(雜錄)』에 나오는 인물인데 자세한 기록은 없다.

3) 文園令(문원령) : 문장에 뛰어난 사람.

4) 歸命侯(귀명후) : 오(吳)나라의 제4대 임금인 손호(孫皓). 훗날 위
(魏)나라에 항복하고 귀명후가 되었다.

5) 晋惠帝(진혜제) : 서진(西晋)의 제2대 임금인 사마충(司馬衷)이다.

6) 演(연) : 유연(劉演). 자는 시인(始仁)이며 유곤(劉琨)의 조카이다. 양
평태수를 지내고 숙부인 곤의 도움으로 보국장군이 되었다. 훗날 오랑
캐의 침입을 막은 공적으로 도독의 부장군이 되었다.

7) 傅司隸咸(부사예함) : 서진(西晋)시대 사예(司隸)의 벼슬을 지낸 부함
(傅咸)이며 자는 장우(長虞)로 협서성 은현 태생이다.

8) 江洗馬統(강세마통) : 태자세마(太子洗馬)의 벼슬을 지낸 강통(江
統)을 말하며 하남(河南)의 기현 남쪽에 있는 진류(陳留) 태생이다.

9) 左記室太沖(좌기실태충) : 기실참군(記室參軍)의 벼슬을 지낸 좌태충
(左太沖)인 좌사(左思)이다.

10) 會稽內史俶(회계내사숙) : 회계지방의 내사(內史)벼슬을 지낸 육숙
(陸俶)이며 육납의 조카이다.

11) 郭弘農璞(곽홍농박) : 홍농태수(弘農太守)를 지낸 곽박(郭璞)이며
동진(東晋)의 학자. 자는 경순(景純)이며 복서가. 고전의 주석가.

12) 桓揚州溫(환양주온) : 자는 원자(元子)이며 안휘성(安徽省)의 개원
현 태생이다. 양주자사(揚州刺史)를 지냈다. 학자인 온교(溫嶠)가 어
린 환온(桓溫)의 울음소리를 듣고 성(姓)을 이름으로 주었다. 동진의
원제(元帝) 때 남강장공주와 결혼하였다.

13) 釋法瑤(석법요) : 속성은 양(揚) 씨이며 하동(河東) 태생이다. 남조
(南朝) 송(宋)의 원휘(元徽) 연간에 76세로 입적했다. 법화대품(法華
大品) 등의 의소(義疏)도 지었다.

14) 沛國夏侯愷(패국하후개) : 패국에 봉해지고 동진(東晋)에서 대사마
(大司馬)를 지냈다.

15) 北地傅巽(북지부손) : 북지땅의 부손. 자는 공제(公悌)이며 위(魏)나라 사람이다. 벼슬은 상서시중(常書侍中)에 이르렀고 촉(蜀)에서 제갈량을 섬기고 상서령이 되었다. 부함(傅咸)의 아버지인 부현(傅玄)의 종부(從父)이다.

16) 丹陽弘君擧(단양홍군거) : 단양땅에 사는 홍군거인데 『식격(食檄)』을 지었다고 한다.

17) 新安任育長(신안임육장) : 신안땅에 사는 임육장의 자는 임첨(任瞻)이며 자가 육장이다. 동진의 평안 태생이다.

18) 宣城秦精(선성진정) : 선성땅의 진정인데 자세한 기록이 없다. 『속수신기』에 기록이 나온다.

19) 燉煌單道開(돈황단도개) : 돈황땅의 단도개. 속성은 맹(孟)씨이고 돈황태생으로 동진(東晋) 목제 때의 중이다. 잣, 송진, 생강 등으로 섭생하다가 7년간의 단식 수도로 추위와 더위를 모르고 살았다고 한다.

20) 剡縣陳務妻(섬현진무처) : 섬현의 진무의 아내. 자세한 기록이 없다. 『이원(異苑)』에 나온다고 했다.

21) 廣陵老姥(광릉노모) : 광릉땅의 늙은 노파. 자세한 기록이 없고 『광릉기노전(廣陵耆老傳)』에 나온다.

22) 河內山謙之(하내산겸지) : 하내(河內)땅의 산겸지. 자세한 기록이 없고 『오흥기(吳興記)』에 나온다.

23) 王肅(왕숙) : 자는 공의(公懿)이며 낭야군 임기현 태생이다. 제(齊)나라에서 비서승(祕書丞)을 지냈고 명제(明帝)의 건무(建武) 원년에 그의 아버지와 형제가 죄없이 죽음을 당하게 되자 북위(北魏)로 가서 진남장군(鎭南將軍)·재보(宰輔)·창국현후(昌國縣侯)에 책봉되고 양주자사를 지냈다.

24) 子鸞(자란) : 남조(南朝)시대 송(宋)나라 효무제(孝武帝)의 여덟째

아들이다. 장남인 유자업(劉子業)이 폐제(廢帝)로 즉위하였을 때 자란
이 효무제의 총애를 독점하고 있는 것을 미워하여 폐제가 자란에게 죽
기를 명하였다.

25) 子尙(자상) : 자는 효사(孝師)이며 송(宋)나라 효무제(孝武帝)의
   둘째아들이다. 효무제의 총애를 받았는데 자란이 태어나자 다소 소원해
   졌다. 폐제가 즉위하였을 때에는 양주도독이 되었으나 명제(明帝)가 붕
   어한 뒤에는 폐제로부터 칼로 자결하라는 처분을 받고 16세에 죽었다.

26) 鮑昭妹令暉(포소매영휘) : 포소는 남조(南朝) 송(宋)나라의 포참군
   (鮑參軍)이며 문제(文帝)와 막상막하의 시인이었다. 그의 누이동생
   영휘는 동해 태생으로 오빠와 같이 시문(詩文)에 능했다.

27) 譚濟(담제) : 하동(河東) 사람이다. 13세에 출가하여 석승도(釋僧導)
   의 제자가 되어 팔공산(八公山)의 동산사에서 수도하였다.

28) 武帝(무제) : 남제(南齊)의 제2대 황제이다. 이름은 색(賾)이요, 자는
   의원(宜遠)이다. 선정을 베풀고 음악을 즐겼다.

29) 梁劉廷尉(양유정위) : 양(梁)나라 때 정위(廷尉)벼슬을 지낸 유효작
   (劉孝綽)이다. 본명은 염(冉)이고 효작은 자이다. 무제 때 시를 지어
   신동(神童)이라는 칭송을 받았다.

30) 陶先生弘景(도선생홍경) : 도선생 홍경의 자는 통명(通明)이다. 어려
   서 갈홍(葛弘)이 지은 『신선전(神仙傳)』을 읽고 양생에 뜻을 두었다.
   남제(南齊)의 고제(高帝) 치세에 여러 왕들의 시독(侍讀)으로 있었으
   나 무제(武帝) 때 사임하고 구용현 구곡산 화양골에 숨어서 화양도은
   거(華陽陶隱居)라고 이름하였다.

31) 徐英公勣(서영공적) : 서영공적은 자가 무공(懋公)이며 훗날 성(姓)
   이 이(李)씨로 바뀌었다가 서(徐)씨로 환성(還姓)되었다. 영공은 시호
   이다. 벼슬은 사공(司空)을 지냈으며 도홍경의 『신농본초경집주』를 증

보하였는데 이것을 영공(英公)의 『당본초』라고 한다.

## 나. 차를 오래 마신다면

고대 신농(神農)이 지은 『신농식경(神農食經)』에는 "차를 오래 복용하면 사람이 힘이 나고 마음이 즐거워진다."고 했다.

주(周)나라 때 주공단(周公旦)이 지은 『이아(爾雅)』에는 "가(檟)는 고도(苦茶 : 쓴차)이다."라고 하였다.

위(魏)나라 장집(張揖)이 지은 『광아(廣雅)』에 이르기를 "형주(荊州)와 파주(巴州) 사이에는 차잎을 채취하여 떡으로 만든다. 잎이 쇤 것은 쌀죽을 발라 떡으로 만든다.

차를 달여서 마시고자 하는 자는 먼저 차를 구워서 적색으로 만들어 찧은 가루를 오지그릇 속에 담아놓고 끓는 물을 붓고는 뚜껑을 덮는다.

또 파, 생강, 귤을 써서 끓인다. 이렇게 끓인 것을 마시면 술이 깨고 사람으로 하여금 잠을 자지 않게 한다."라고 하였다.

『안자춘추(晏子春秋)』에는 "안영(晏嬰)이 제(齊)나라 경공(景公)을 도울 때 곡식의 껍질을 벗긴 밥과 세 마리의 새를 잡아 구운 것과 다섯 개의 알과 차와 명아주만을 먹을 따름이었다."고 했다.

한(漢)나라 사마상여(司馬相如)의 『범장편(凡將篇)』에는 "오탁(烏啄 : 바꽃), 길경(桔梗 : 도라지), 부화(芙華 : 서향나무), 관동(款冬 : 민들레), 패모(貝母), 목얼(木蘗 : 누룩나무), 누금초(蔞芩草), 작약(芍藥), 계수나무, 누노(漏蘆 : 절인 대뿌리), 비렴(蜚廉 : 삽주), 환균(藋菌 : 왕골버섯), 천탁(荈詫), 백

렴(白斂 : 가회톱), 백지(白芷 : 구리때뿌리), 창포(菖蒲), 망초(芒硝 : 유산소다), 완숙(莞椒 : 난디나무열매), 수유(茱萸)가 있다."고 했다.

한때 양웅(揚雄)의 『방언(方言)』에는 "촉(蜀)의 서남(西南) 사람들은 다(茶)를 설(蔎)이라고 이른다."라고 하였다.

『오지(吳志)』의 위요전(韋曜傳)에는 "손호(孫皓 : 오나라 임금)는 향연을 베풀 때마다 좌석에서 7되의 술을 기준으로 삼지 않는 법이 없었다.

비록 그 술을 입에 다 넣을 수는 없을지라도 입에 대롱을 대고라도(억지로라도) 부어서 다 없애게 했다.

요(曜 : 위요)는 주량이 2되 밖에 되지 않아 손호는 처음부터 위요에게는 예의를 다르게 하여 몰래 차를 내려서 술을 대신하게 하였다."라고 쓰여 있다.

진(晋)나라의 『중흥서(中興書)』에는 "육납(陸納)이 오흥태수(吳興太守)가 되었을 때 위장군(衛將軍)으로 있던 사안(謝安)이 항상 육납을 찾아 보고자 하였다.〔『진서(晋書)』에는 당시에 육납은 이부상서(吏部尙書)였다.〕

육납의 조카인 육숙(陸俶)은 육납이 아무 준비가 없는 것을 이상하게 여겼으나 감히 물어보지를 못하고 이에 사사로이 수십명분의 음식을 준비하였다.

사안이 이미 이르렀는데 준비하여 갖춘 것은 차와 과일 뿐이었다. 육숙이 드디어 성대한 음식과 진기한 찬도 반드시 갖추어 대접했다.

이에 사안이 물러가자 육납은 조카인 육숙에게 몽둥이로 40번이나 매질을 하고 이르기를 '너는 숙부를 빛내는데 도움이

되지 못하거늘 어찌
하여 나의 평소 접
대방식까지 더럽히
게 하였느냐'라고
하였다."고 했다.

『진서(晋書)』에는
"환온(桓溫)이 양주
목사(揚州牧使)가
되었을 때 성품이
검소하고 매양 마시

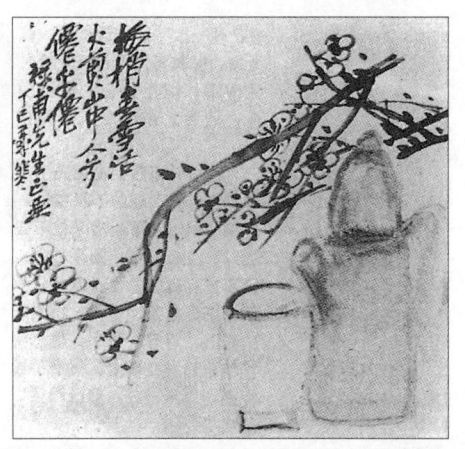

청(淸)나라 오창석(吳昌碩)의 품명도(品茗圖)

는 잔치에는 오직 일곱이라도 쟁반에 두었던 차와 과일을 내
릴 뿐이다."고 쓰여있다.

『수신기(搜神記)』에는 '하후개(夏侯愷)가 병으로 죽었다.
친척 중에서 자가 구노(苟奴)라는 사람이 귀신을 살펴볼 줄
알았다.

구노가 보니 하후개의 귀신이 집으로 들어가 말을 거두고
그 아내를 위해 근심하고 평상책을 쓰고 홑옷을 입고 살아 있
을 때처럼 서쪽 벽의 커다란 의자에 들어와 앉아 가족에게 차
를 찾아 마시는 것을 보았다."라고 적혀 있다.

神農食經[1]  茶茗久服  令人有力  悅志

周公爾雅[2]  檟苦茶  廣雅[3]云  荊巴[4]間  採葉作餠  葉老者餠成以
米膏[5]出之  欲煮茗飮  先炙令赤色  搗末置瓷器中  以湯澆覆之
用葱薑橘子芼之  其飮醒酒  令人不眼

晏子春秋[6]  嬰相齊景公[7]時  食脫粟之飯  炙三弋[8]五卵茗菜[9]而已

司馬相如 凡將篇[10] 烏啄 桔梗 芙華 款多 貝母 木蘗 蔞芩草
芍藥 桂 漏蘆 蜚廉 藿菌 荈詫 白斂 白芷 菖蒲 芒硝 莞椒 茱萸

揚雄 方言[11] 蜀西南人 謂茶曰蔎[12]

吳志[13] 韋曜傳 孫皓 每饗宴 坐席無不率以七勝爲限 雖不盡入
口皆澆灌[14]取盡 曜飮酒不過二升 皓 初禮異 密賜茶 荈以代酒

晋中興書[15] 陸納爲吳興太守 時衞將軍[16]謝安 常欲詣納〔晋書
以納爲吏部尙書〕納兄子俶 經納無所備 不敢問之 乃私蓄數十人
饌 安旣至 所設唯茶菓而已 俶遂陳盛饌 珍羞必具 乃安去 納 杖
俶四十云 汝旣不能光益叔父 奈何 穢吾素業

晋書[17] 桓溫爲揚州牧 性儉 每讌飮 唯下七奠柈 茶菓而已

搜神記[18] 夏侯愷[19] 因疾死 宗人 字苟奴 察見鬼神 見愷來收馬
幷病其妻 著平上幘 單衣入坐生時西壁大床 就人覓茶飮

1) 神農食經(신농식경): 신농(神農)임금이 지은 『식경(食經)』이란 책 이름.

2) 周公爾雅(주공이아): 주(周)나라 주공단(周公旦)이 지었다는 『이아
   (爾雅)』라는 책 이름. 『이아』는 중국의 13경의 하나이며 가장 오래된
   자서(子書)로 19권으로 되어 있다. 천문(天文), 지리(地理), 음악(音
   樂), 기재(器財), 초목(草木), 조수(鳥獸) 등에 관한 고금의 문자를 설
   명하였다.

3) 廣雅(광아): 위(魏)나라의 장읍(張揖)이 지은 자서이며 10권으로 되
   어 있고 『박아(博雅)』라고도 한다.

4) 荊巴(형파): 형주(荊州)와 파주(巴州).

5) 米膏(미고): 쌀로 쑨 죽을 말한다.

6) 晏子春秋(안자춘추): 저서 이름. 춘추시대 제(齊)나라의 재상 안영(晏
   嬰)의 언행을 기술한 책이며 8권으로 되어 있다. 저자는 자세하지 않다.

7) 齊景公(제경공): 춘추시대·제나라의 임금. 이름은 저구(杵臼)이다.

8) 三弋(삼익) : 3개의 꼬치를 뜻하는 것 같다.

9) 茗菜(명래) : 차와 명아주.

10) 凡將篇(범장편) : 사마상여(司馬相如)의 문집 안에 있는 책의 편 이름. '범장'이란 모든 것을 기른다는 것으로 초학자를 위한 사물의 명칭이다. 지금은 전하지 않는다.

11) 方言(방언) : 양웅(揚雄)이 지은 책 이름. 중국의 각 지방의 언어를 모아 놓은 책. 사투리.

12) 蔎(설) : 향기롭다는 뜻. 차는 곧 향기로운 것이라는 뜻이다.

13) 吳志(오지) : 진(晋)나라의 진수(陳壽)가 지은 『삼국지』는 위(魏)·오(吳)·촉(蜀)에 대한 65권의 역사책인데 그 속에 오지(吳志)가 들어 있으며 이는 오나라의 역사서이다.

14) 澆灌(요관) : 물을 대다. 물을 주다. 물을 붓는 것과 같이 술을 붓다.

15) 晋中興書(진중흥서) : 책 이름. 남조(南朝) 송(宋)나라의 하법성(何法盛)이 지은 동진시대의 역사책 78권이다.

16) 衛將軍(위장군) : 왕을 호위하는 장군.

17) 晋書(진서) : 책 이름. 당(唐)의 태종(太宗) 때 방현령(房玄齡)과 이정수(李廷壽) 등에게 맡겨 진(晋)나라의 정사(正史)를 기록하게 하여 130권으로 만들어진 책이다.

18) 搜神記(수신기) : 진(晋)나라의 간보(干寶)가 저작랑 때 엮은 책 이름. 신이(神異), 영이(靈異), 신선(神仙) 등을 기록하여 소설체로 엮은 책. 총 20권으로 이루어져 있다.

19) 夏侯愷(하후개) : 『수신기』 16권 속에 나오는 사람. 자는 만인(萬仁)인데 죽어서 귀신이 되어 자기 집에 돌아와서 차를 마시고 하였다는 기록이 있다.

## 다. 유곤이 우러러 본 참다운 차[眞茶]

유곤(劉琨)이 형의 아들인 남연주자사(南兗州刺史) 유연(劉演)에게 보낸 편지에 이르기를 "앞서 안주(安州)에서 얻은 마른 생강 1근, 계피 1근, 황금(黃芩) 1근은 다 필요한 것이었다. 내 몸속에는 번민이 쌓여서 항상 참다운 차를 우러러 보았는데 네가 이것을 보냈구나."라고 적었다.

부함(傅咸)이 내린 사예교(司隷敎)에 이르기를 "들으니 남방(南方)의 깊숙한 곳 촉(蜀)에서 노파가 찻죽을 쑤어 파는데 염탐꾼을 보내 그 찻죽을 쑤는 기구를 부수었다고 한다. 그뒤 또 시장에서 떡은 팔게 하고 찻죽은 금지하였다는데 남방 깊숙한 곳 촉의 노파는 어떻게 되었는가."라고 하였다.

『신이기(神異記)』에는 "여요(餘姚)땅 사람인 우홍(虞洪)이 산에 들어가 차를 따는데 한 사람의 도사를 만났다.

그 도사는 3마리의 푸른 소를 이끌고 우홍도 함께 이끌어 폭포산(瀑布山)에 이르러 말하기를 '나는 단구자(丹丘子)라 하오 그대가 마실 것 갖추기를 잘한다고 들어 항상 한 번 보기를 생각했소 지금 혜산(惠山) 속에는 큰 차나무가 있는데 가히 그대를 흡족하게 할 것이오 그대에게 비오 다른 날에 단지와 기구의 나머지가 있거든 빌건데 나에게 보내 주기를 바라오"라고 하였다.

이러한 사연으로 우홍(虞洪)은 단구자를 제사지냈다. 그뒤 언제나 가족들이 산에 들어가면 큰 차나무를 얻어 많은 차를 따게 되었다."라고 쓰여 있다.

좌사(左思)의 「교녀시(嬌女詩)」에는

"우리집에 애교있는 아름다운 여인이 있는데 희고 희어 자못 광채가 난다네.

그녀의 자는 환소라고 하는데 입과 이는 본래 아름답게 가지런하다네.

언니가 있어 이름을 혜방(惠芳)이라고 하는데 눈썹과 눈이 빛나서 그림같다네.

분주히 돌아다녀 동산의 숲속을 나는듯 누비며 과일나무 아래에서 모두 과일을 딴다네.

꽃을 탐내 비바람 속에서도 홀연히 수백 걸음을 간다네.

마음 속에 차마실 생각이 간절하여 입으로 불어서 솥을 녹이려고 대드네."라고 하였다.

장맹양(張孟陽)의 「등성도루(登成都樓 : 성도루에 올라서)」라는 시(詩)에 이르기를

"양웅(揚雄)의 집을 물어보고 장경(長卿 : 司馬相如)의 집을 상상해 본다.

정정(程鄭)과 탁왕손(卓王孫)은 천금을 쌓아서 교만과 사치는 다섯 제후들에 버금가네.

대문 앞에는 말탄 손님들이 줄을 잇고 비취로 된 허리띠에 오(吳)나라의 검을 허리에 찼네.

솥 안의 맛있는 음식은 시간마다 차려 올려지고 백가지 혼합한 것은 묘하고 또 특이하네.

숲을 헤치고 가을귤을 채취하고 강에 나아가 봄의 물고기를 낚시하네.

생선알은 용젓보다 낫고 과일로 된 찬은 게장보다 뛰어나네.

향기로운 차는 육정(六情 : 희노애락애오)을 이기고 넘치는
맛은 구구(九區＝九州 : 천하)에 퍼지네.

인생이 진실로 안락하려면 이 땅에서 잠시나마 즐길 만하
네."라 하였다.

부손(傅巽)의 '칠회(七誨 : 일곱가지 가르침)'에는 포도(蒲
桃 : 蒲萄), 완내(宛奈 : 대완국(大宛國)의 능금), 제(齊)나라의
감, 연(燕)나라의 밤, 환양(峘陽)의 황이(黃梨 : 누런 배), 무
산(巫山)의 붉은 귤, 남중(南中)땅의 차씨〔茶子〕, 서극(西極)
땅의 석밀(石蜜 : 석청)" 등이 쓰여 있다.

홍군거(弘君擧)의 『식격(食檄)』에는 "추위와 더위(인사)가
이미 끝나면 서리꽃과 같은 차를 내린다. 3잔을 마치고 난 후
에는 응당히 사탕수수, 모과(木瓜), 원이(元李 : 큰 오얏), 양
매(楊梅), 오미자(五味子), 감람(橄欖 : 열대식물), 현표(懸
豹), 욱갱(葵羹 : 아욱국) 등을 각각 한 잔씩 내놓는다."고 쓰
여 있다.

손초(孫楚)의 노래에는 "수유(茱萸)는 방수(芳樹)의 정수
리에서 나오고 잉어는 낙수(洛水)의 샘에서 나온다. 흰소금은
하동(河東)에서 나고 아름다운 북은 노연(魯淵)에서 난다. 생
강, 계피, 차는 파촉(巴蜀)지방에서 나오고 후추, 귤, 목란(木
蘭)은 고산(高山)에서 난다. 여뀌와 차조기는 도랑에서 나오
고 정(精)한 피는 가운데 밭에서 난다."고 적혀 있다.

화타(華佗)의 『식론(食論)』에는 "쓴차를 오래도록 마시면
마음먹는 생각에 보탬이 된다."고 했다.

호거사(壺居士)의 『식기(食忌)』에는 "쓴차를 오래도록 마
시면 몸이 가벼워져 날 수가 있다. 부추와 함께 마시면 체중이

무거워진다."고 쓰여 있다.

　곽박(郭璞)은 『이아(爾雅)』의 주석에서 이르기를 "나무는 작고 치자(梔子)와 비슷한데 겨울에는 잎이 나고 국을 끓여 마신다.

　지금 일찍 취한 것을 '차'라고 하고 늦게 취한 것은 명(茗)이라 한다. 혹은 천(荈)이라고도 한다. 촉(蜀)나라 사람들은 고다(苦茶)라고 한다."고 했다.


　劉琨　與兄子南兗州[1]刺史演書云　前得安州乾薑一斤　桂一斤 黃芩一斤　皆所須也　吾體中潰悶[2]　常仰眞茶　汝可置之

　傅咸　司隸敎[3]曰　聞南方有以困蜀[4]　嫗作茶粥賣　爲簾事打破其 器具　後又賣餅於市　而禁茶粥以困蜀姥何哉

　神異記[5]　餘姚人虞洪　入山採茗　遇一道士　牽三靑牛　引洪　至瀑 布山[6]曰　予　丹丘子也　聞　子　善具飮　常思見　惠山[7]中有大茗　可 以相給　祈子他日有甌犧之餘　乞　相遺也　因　立奠祀　後常　令家人 入山　獲大茗焉

　左思　嬌女詩　吾家有嬌女　皎皎頗白晳　小字爲紈素　口齒自淸 歷[8]　有姊字惠芳　眉目粲如畫　馳騖翔園林　果下皆生摘　貪花風 雨中　倏忽數百適　心爲茶荈劇　吹噓[9]對鼎䥶

　張孟陽[10]　登成都樓詩云　借問揚子[11]舍　想見長卿[12]盧　程卓[13]累 千金　驕侈擬五侯　門有連騎客　翠帶腰吳鉤　鼎食隨時進　百和[14]妙 且殊　披林採秋橘　臨江釣春魚　黑子[15]過龍醢　果饌踰蟹蝑[16]　芳茶 冠六情　溢味播九區　人生苟安樂　玆土聊可娛

　傅巽　七誨　蒲桃　宛柰　齊柿　燕栗　峘陽黃梨　巫山朱橘　南中茶 子　西極石蜜

弘君舉[17]  食檄  寒溫旣畢  應下霜華之茗  三爵而終  應下諸蔗
木瓜  元李  楊梅  五味  橄欖  懸豹  葵羹  各一杯

孫楚歌[18]  茱萸出芳樹顚  鯉魚出洛水泉  白塩出河東  美鼓出魯
淵  薑桂茶荈  出巴蜀  椒橘木蘭出高山  蓼蘇出溝渠  精稗出中田

華佗[19]  食論  苦茶久食  益意思

壺居士[20]  食忌  苦茶久食  羽化  與韭同食  令人體重

郭璞[21]  爾雅註云  樹小似梔子  冬生葉  可煮羹飮  今呼早取爲茶
晚取爲茗  或一曰荈  蜀人名之苦茶

1) 南兗州(남연주) : 동진(東晋) 때 광릉에 남연주(南兗州)가 있었다. 지
　금의 강소성 강로현이다.

2) 潰悶(궤민) : 어지럽고 혼란스러운 것. 고민.

3) 司隷敎(사예교) : 수도권을 담당한 관리가 반포하는 교서이다.

4) 困蜀(곤촉) : 어려운 촉(蜀). 곧 산중의 촉.

5) 神異記(신이기) : 한(漢)나라 동방삭(東方朔)의 저서로 『한위총서
　(漢魏叢書)』에 나와 있다.

6) 瀑布山(폭포산) : 자응산(紫凝山)이라고도 하며 『동백산지(桐柏山
　志)』에 '큰 차잎이 난다'고 적혀 있다.

7) 惠山(혜산) : 상주부(常州府) 무석현(無錫縣)에 있다.

8) 淸歷(청력) : 아름답게 줄지어 있다는 뜻.

9) 吹噓(취허) : 숨을 후하고 내쉬다. 곧 후하고 불을 부는 것.

10) 張孟陽(장맹양) : 장재(張載)이며 자가 맹양이다. 진(晋)나라 때 안
　평(安平)사람이다.

11) 揚子(양자) : 양웅(揚雄)의 존칭.

12) 長卿(장경) : 사마상여(司馬相如)의 자(字).

13) 程卓(정탁) : 정정(程鄭)과 탁왕손(卓王孫)으로 촉(蜀)나라의 부자

들. 『사기』의 식화전(殖貨傳)에 나와 있다.

14) 百和(백화) : 온갖 맛. 곧 진수성찬.

15) 黑子(흑자) : 의심컨대 어자(魚子)의 잘못인 것 같다. 어자는 물고기알.

16) 蟹蝑(해서) : 게와 베짱이. 곧 해충(蟹蟲)의 뜻과 같다. 일종의 게장
    인 것 같다.

17) 弘君擧(홍군거) : 누구인지 자세한 기록이 없다. 사람 이름.

18) 孫楚歌(손초가) : 손초의 노래. 손초의 자는 자형(子荊). 태원 중도
    (太原中都) 사람이다.

19) 華佗(화타) : 자는 원화(元化)이고 패국(沛國)의 초인(譙人)이다.
    의학에 밝아 무슨 병이든 낫게 했다는 명의(名醫)이다.

20) 壺居士(호거사) : 누구인지 자세하지 않다. 단 『본초강목(本草綱
    目)』에 호거사전이 인용되어 있다.

21) 郭璞(곽박) : 자는 경순(景純)이고 하동(河東)의 문희(聞喜)사람이다.


## 라. 뜨거운 차인가 차가운 차인가

『세설(世說)』에는 "임첨(任瞻)이라는 사람의 자(字)는 육
장(育長)이다. 젊었을 때부터 좋은 평판이 나 있었다. 진(晉)
나라가 양자강(揚子江)을 건너서 옮긴 뒤부터 임첨은 희망을
잃고 이때부터 차를 마시기 시작하였다.

그가 어떤 이에게 '이것은 차입니까 차싹입니까?'라고 물었
다. 그런데 그 사람의 얼굴에 괴상한 빛이 일어나는 것을 깨닫
고 임첨은 스스로 변명하여 말하기를 '방금의 질문은 뜨거운
차입니까? 차가운 차입니까? 라는 것이었습니다.'라고 하였
다."고 했다.

『속수신기(續搜神記)』에는 "진(晋)나라 무제(武帝) 때 선성(宣城) 사람인 진정(秦精)이 일찍부터 무창산(武昌山)에 들어가 차를 땄다. 이때 한 사람의 털난 사람을 만났는데 키가 한 길이 넘었다.

그 털난 사람은 진정을 이끌고 산 아래에 이르러 차나무 숲을 보여주고 갔다. 얼마 안 있어 다시 돌아와 품 속을 더듬어 귤을 꺼내 진정에게 주었다. 진정이 두려운 마음이 들어서 차를 짊어지고 집으로 돌아왔다."라고 쓰여있다.

진(晋)나라의 『사왕기사(四王起事)』에는 "혜제(惠帝)가 난을 당하여 파천하였다가 낙양(洛陽)으로 돌아왔는데 황문(黃門)에서 사발에 차를 가득 담아 황제에게 올렸다."라고 쓰여있다.

『이원(異苑)』에는

"섬현(剡縣)의 진무(陳務)라는 사람의 아내는 젊어서 과부가 되어 두 아들과 더불어 살면서 차 마시기를 즐겨했다. 집안에 옛무덤이 있었는데 매양 마실 때마다 먼저 제사를 지냈다.

두 아들이 이를 근심하여 말하기를 '옛무덤이 무엇을 알겠습니까? 부질없는 수고일 뿐입니다.'라고 하며 이에 그 무덤을 파내려 하였다. 이 과부가 애원하여 그것을 금지시켰다.

그날밤 꿈속에 한 사람이 나타나 이르기를 '나는 이 무덤에 머무른 지 3백년이나 되었소이다. 그대의 두 아들이 늘 이 무덤을 헐어버리려 하였으나 그대의 도움을 입어 보호되었습니다. 또 나에게 좋은 차까지 보내주고 있습니다. 비록 땅속에 묻혀 뼈가 썩었으나 어찌 예상(翳桑)의 보은(報恩)을 잊으오리까.'라고 하였다.

꿈에서 깨어 뜰 가운데에 이르러 돈 10만냥을 얻었다. 이 돈
은 흙속에 묻힌 지 오래된 것 같았으나 다만 돌꿰미는 새것이
었다. 어머니가 이 사실을 두 아들에게 알렸더니 그들이 부끄
럽게 여겼다.

그후부터는 기도하고 제사 올리는 것을 더욱 극진히 하였
다."라고 하였다.


世說[1] 任瞻 字育長 少時 有令名 自過江 失志 旣下飮 問人云
此爲茶爲茗 覺人有怪色[2] 乃自申明[3]云 向問飮爲熱爲冷耳〔下飮
謂設茶也〕

續搜神記[4] 晋武帝[5]宣城人秦精 嘗入武昌山採茗 遇一毛人[6]
長丈餘 引精 至山下 示以叢茗而去 俄而復還 乃探懷中橘 以遺
精 精怖 負茗而歸

晋四王起事[7] 惠帝蒙塵[8] 還洛陽 黃門[9] 以瓦盂盛茶 上至尊[10]

異苑[11] 剡縣陳務妻 少寡 與二子居 好飮茶茗 以宅中有古塚
每飮輒先祀之 二子患之曰 古塚何知 徒以勞意 欲堀去之 母苦
禁而止 其夜夢一人云 吾止此塚三百餘年 卿二子恒欲見毀 賴相
保護 又享吾佳茗 雖潛壤朽骨 豈忘翳桑之報 及曉 於庭中 獲錢
十萬 似久埋者 但 貫新耳 母告二子 慙 是從之 禱饋[12]愈甚

1) 世說(세설) :『세설신어』의 준말. 남조(南朝) 송(宋)나라 임천왕인 유
　　의경(劉義慶)이 지은 8권의 책이다. 후한(後漢)에서 동진(東晋)에
　　이르는 귀족, 학자, 문인, 승려 등의 덕행, 언어, 문학 등 36개 부문으로
　　나누어졌다.

2) 怪色(괴색) : 사람이 성이 나면 얼굴에 떠오르는 분노의 모습.

3) 申明(신명) : 되풀이하여 설명하다. 여기서는 말을 바꾸어 설명하는 것.

4) 續捜神記(속수신기) : 진(晋)나라 도연명(陶淵明 : 潛)이 지었다는 책. 『수신기』에 계속되는 책이란 뜻으로 간보(干寶)의 뒤를 이어 계속 이어놓은 것.

5) 晋武帝(진무제) : 동진(東晋)의 제9대 임금인 효무제(孝武帝).

6) 毛人(모인) : 옷이 없고 몸에 털이 난 야인(野人).

7) 四王起事(사왕기사) : 책 이름. 진(晋)나라 정위(廷尉)를 지낸 노림(盧綝)이 지은 책. 사왕은 조왕윤(趙王倫), 제왕경(齊王冏), 장사왕예(長沙王乂), 성도왕영(成都王穎)이며 전기가 전하지 않는다.

8) 蒙塵(몽진) : 임금이 난리를 당하여 피난가다.

9) 黃門(황문) : 진(晋)나라 때는 궁문을 지키는 산기관(散騎官)을 황문이라고 하였다.

10) 至尊(지존) : 지극히 높은 이. 곧 황제.

11) 異苑(이원) : 송(宋)나라의 유경숙(劉敬叔)이 지은 요괴담(妖怪談)을 모은 10권의 책이다.

12) 禱饋(도궤) : 음식을 보내고 빌다. 곧 제사를 지내다.


## 마. 차그릇과 함께 날아간 노파

광릉(廣陵)의 『기로전(耆老傳)』에는 "진(晋)나라의 원제(元帝) 때 늙은 노파가 있었다. 매일 아침마다 홀로 차 한 그릇을 들고 시장에 나가 팔았다.

시장 사람들이 서로 다투어 사 먹었는데도 아침부터 저녁까지 그 차그릇은 줄어들지 않았다.

차를 팔아 남은 돈은 길가에 흩어져 있는 고아나 가난한 걸인들에게 뿌렸다.

사람들이 이상하게 여겨 그 고을의 법관(형리)들이 잡아서 옥 안에 가두었다.

밤이 되자 노파는 차를 팔던 그릇을 챙겨서 감옥의 창문을 통하여 밖으로 날아가 버렸다."라고 적혀 있다.

『진서(晉書)』의 예술전(藝術傳)에는 "돈황(燉煌)땅 사람인 단도개(單道開)는 추위나 더위를 두려워하지 않았고 항상 작은 돌멩이만 먹었다.

복용하는 약에는 솔, 계피, 꿀의 기운이 있었고 그 나머지는 차와 차조기일 뿐이었다."고 쓰여 있다.

석도열(釋道悅)은 『속명승전(續名僧傳)』을 설명하면서 "송(宋)나라 석법요(釋法瑤)의 성은 양씨(楊氏)이고 하동(河東) 사람이다. 영가(永嘉) 연간에 양자강을 지나면서 심대진(沈臺眞)을 무강(武康)의 소산사(小山寺)에서 만났다.

법요는 이때 나이가 많아 은퇴할 시기였으며 밥으로써 차를 마시고 있었다. 영명(永明) 연중에 오흥(吳興)으로 칙명을 받았으나 예로써 서울로 올라오라는 초청을 받았다. 이때 나이는 79세였다."고 쓰여 있다.

송(宋)나라의 『강씨가전(江氏家傳)』에는 "강통(江統)의 자(字)는 응천(應遷)이요, 민회태자(愍懷太子)의 세마(洗馬)였다.

일찍부터 상소를 올려 간하기를 '지금 서원(西園)에서 식혜, 국수, 쪽씨앗, 나물차의 무리를 팔고 있는데 이것은 나라의 체면을 손상시키는 것입니다.' 라고 하였다."라는 내용이 적혀 있다.

『송록(宋錄)』에는 "신안왕(新安王) 자란(子鸞)과 예장왕

(豫章王) 자상(子尚)이 담제도인(曇濟道人)을 팔공산(八公山)으로 찾아 갔다.

담제도인이 차를 대접하자 자상(子尚)이 마시고 말하기를 '이것은 감로(甘露)이다. 어찌하여 차라고 이름하는가?'라고 하였다."라고 쓰여 있다.

왕미(王微)는 「잡시(雜詩)」에서 "고요하고 고요한 것이 높은 누각을 덮치고 잠잠하고 잠잠한 것이 넓은 처마밑을 비웠네. 그대를 기대하여도 끝내 돌아오지 않아 옷깃을 거두고 이제는 차라도 마시리라."라고 읊었다.

포소(鮑照)의 누이동생 영휘(令暉)가 「향명부(香茗賦)」를 지었다.

남제(南齊)의 세조(世祖)인 무황제(武皇帝)가 남긴 조서(詔書)에는 "나의 영좌(靈座) 위에는 삼가 희생으로 제물을 삼지 말라. 다만 떡, 과자, 차음료, 마른 밥, 말린고기만을 쓸지어다."라고 쓰여 있다.

양(梁)나라 유효작(劉孝綽)이 '진(晋)나라 안왕(安王)으로부터 군량미를 받고 사례를 올리는 글'에

"조서(詔書)를 전하는 이맹손(李孟孫)이 교지(敎旨)를 선포하고 쌀, 술, 오이, 죽순, 김치, 말린고기, 식초, 차 등의 8가지를 내려 주었습니다.

쌀의 기운은 새로운 성처럼 향기롭고 술의 맛은 운송(雲松)처럼 향긋하고 강과 연못에서 마디를 뽑힌 죽순은 창포와 마름의 진미보다 뛰어나네.

굳은 땅에서 우뚝솟은 오이는 깨끗이 인 지붕의 아름다움보다 넘치네.

포는 실로 묶은 들노루가 아닌데도 향내나는 것이 눈속의 나귀와 같네.

김치는 젓으로, 도자기병의 잉어와 다르고 잡은 것은 옥이 빛나는 것과 같네.

차는 고운 쌀밥을 먹는 것과 같고 식초는 귤을 바라는 것과 같네.

천리 길의 숙박에 절구질을 면하고 석 달의 곡식 모으기가 생략되었네.

소인(小人 : 신)은 은혜를 입었으니 이 큰 아름다움을 잊기가 어렵다네.”라고 적고 있다.

도홍경(陶弘景)의 『잡록(雜錄)』에는 “쓴차는 뼈를 바꾸어 몸을 가볍게 한다. 옛날에 단구자(丹丘子)와 황산군(黃山君)이 이것을 복용하였다.”라고 쓰여 있다.


廣陵[1] 耆老傳[2] 晋元帝[3]時 有老姥 每旦 獨提一器 往市鬻之 市人競買 自旦至夕 其器不減 所得錢 散路傍孤貧乞人 人或異之 州法曹[4] 縶之獄中 至夜 老姥執所鬻茗器 從獄牖中 飛出

藝術傳[5] 燉煌人單道開[6] 不畏寒暑 常服小石子 所服藥 有松桂蜜之氣所餘 茶蘇而已

釋道該說[7] 續名僧傳[8] 宋釋法瑤 姓楊氏 河東人 永嘉中過江 遇沈臺眞[9]君 請還武康小山寺 年垂懸車 飯所飮茶 永明中 勅吳興 禮致上京 年七十九

宋 江氏家傳[10] 江統 字應遷 愍懷太子[11]洗馬 嘗 上疏諫云 今西園[12] 賣醯麵藍子菜茶之屬 虧敗國體

宋錄[13] 新安王子鸞 豫章王子尙 詣曇濟道人於八公山[14] 道人

設茶茗 子尙味之曰 此甘露[15]也 何言茶茗

　王微[16] 雜詩 寂寂掩高閣 寥寥空廣廈 待君竟不歸 收領今就櫝
鮑昭妹令暉著 香茗賦

　南齊 世祖武皇帝[17] 遺詔[18] 我靈座上 愼勿以牲爲祭 但 設餠菓
茶飲乾飯酒脯而已

　梁 劉孝綽[19] 謝晋安王[20]餉米等啓 傳詔 李孟孫[21] 宣敎旨垂賜
米 酒 瓜筍 菹 脯 酢 茗八種 氣新城 味芳雲松 江潭抽節 邁昌
荇之珍 壇場擢翹 越茸精之美 羞非純束野麏 裛似雪之驢 鮓異陶
瓶河鯉 操如瓊之粲 茗同食粲 酢類望柑 免千里宿春 省三月種
聚 小人懷惠 大懿難忘

　陶弘景雜錄[22] 苦茶輕身換骨 昔 丹丘子 黃山君[23] 服之

1) 廣陵(광릉) : 초(楚)의 도읍으로 지금의 강소성(江蘇省) 강도현에 있다.

2) 耆老傳(기로전) : 책 이름. 기로(耆老)는 70세 이상을 이른다. 70세 이
　상의 노인들에 대한 기록을 담은 책.

3) 晋元帝(진원제) : 서진(西晋)이 멸망한 이듬해에 위(魏)나라의 재상
　사마의(司馬懿)의 증손인 사마예(司馬睿)가 양자강 남방의 건강(建
　康)땅에 동진(東晋)을 세우고 초대 황제가 되었는데 초대 황제.

4) 法曹(법조) : 주(州)의 사법관.

5) 藝術傳(예술전) : 『진서(晋書)』의 열전(列傳) 65권에 실려 있는 것으
　로 저자에 대한 기록이다.

6) 燉煌人單道開(돈황인단도개) : 돈황 사람 단도개. 돈황은 지금의 감숙
　성 돈황현이다. 단도개는 어떤 사람인지 기록이 없다.

7) 釋道該說(석도해설) : 석도해는 『속고승전(續高僧傳)』의 석도열(釋
　道悅)이며 성은 장씨(張氏)이고 형주 소구(荊州昭丘) 사람이다.
　該·說은 두 글자 가운데 한 자는 필요없는 글자이고 說은 悅과 옛부

터 통용되어 왔다.

8) 續名僧傳(속명승전) : 양(梁)나라의 보창(寶唱)이 지은 『선명승전(選名僧傳)』은 있으나 『속명승전』은 어느 책인지 자세하지 않다.

9) 沈臺眞(심대진) : 이름은 연지(演之)이며 자가 대진이다. 무창 사람으로 벼슬은 영가·전랑·무강의 수령·이부상서·의장군·좌장군 등을 역임했다.

10) 江氏家傳(강씨가전) : 서진(西晋)의 강(江)씨 집안의 전기를 말한다.

11) 愍懷太子(민회태자) : 서진(西晋)의 혜제(惠帝)와 도가(屠家)의 여인 사이에서 태어난 황태자로 성명은 사마휼(司馬遹), 자는 희조(熙祖)이다. 그가 자신의 서원에서 아욱나물, 쪽씨앗, 닭, 국수 등속의 물건을 팔아서 그 이익을 거두어 들였기 때문에 태자세마인 강통이 다섯 가지의 폐단을 시정하도록 간한 것이다. 그는 황문(黃門)의 손려(孫慮)에 의하여 약 절구공에 맞아 죽었다.

12) 西園(서원) : 위(魏)나라 무제(武帝) 때 만든 동산으로 서원(西苑)이라고도 하였다. 서진(西晋)의 서울인 낙양(洛陽)에 있었다.

13) 宋錄(송록) : 동진(東晋)이 멸망하고 화남(華南)에서 유(劉)씨가 세운 송(宋)나라의 58년간에 걸친 사록(史錄)인데 『수서경적지(隨書經籍志)』에 『송략(宋略)』으로 실려 있는 것.

14) 八公山(팔공산) : 안휘성(安徽省) 봉대현의 동남쪽(회수의 남쪽)에 있다. 팔공산의 정상에는 한(漢)나라 때 회남왕(淮南王) 유안(劉安)의 종묘가 있다. 옛날에 8명의 현인(賢人)이 이곳에서 바둑을 두고 술을 마셨다고 하는 전설이 있다.

15) 甘露(감로) : 단이슬. 천하가 태평하려는 조짐으로 하늘에서 내린다고 한다.

16) 王微(왕미) : 『송서(宋書)』 열전에 보면 자는 경현(景玄)이고 낭야

임기(臨沂) 사람이다. 남송(南宋)의 개국공신 왕홍(王弘)의 조카이다.

17) 南齊世祖武皇帝(남제세조무황제) : 남제(南齊)의 세조(世祖). 이름은
색(賾)이고 자는 선원(宣遠)이다.

18) 遺詔(유조) : 죽으면서 남긴 임금의 유언. 남긴 조서.

19) 梁劉孝綽(양유효작) : 양(梁)나라 유효작. 자가 효작이며 창성(彰
城) 사람이다.

20) 晋安王(진안왕) : 양(梁)나라 원제(元帝)의 태자이며 이름은 방지(方
智)이다. 원제가 서위(西魏)에 의하여 시해된 다음 진패선(陳霸先)에
게 옹립되어 태재승제(太宰承制)가 되고 숙연명(蕭衍明)이 양나라의
황제가 되자 그가 태자가 되었다. 뒤에 패선이 연명을 시해하고 진안왕
이 양나라의 마지막 황제인 경제(景帝)가 되었다.

21) 李孟孫(이맹손) : 누구인지 기록이 자세하지 않다.

22) 陶弘景雜錄(도홍경잡록) : 도홍경이 지은 『잡록』은 전하지 않는다. 혹
은 그가 지은 『명의별록(名醫別錄)』이 아닌가 한다.

23) 黃山君(황산군) : 어떤 사람인지 자세한 기록이 없다.


## 바. 차와 우유는 어느 것이 좋습니까

「후위록(後魏錄)」에는 "낭야(瑯琊)에 사는 왕숙(王肅)은
남조(南朝)에서 벼슬을 하였는데 차를 마시고 순채국 먹는 것
을 좋아했다. 이에 북지(北地)로 돌아와서는 다시 양고기를
먹고 우유 마시기를 좋아하였다.

사람이 혹 묻기를 '차는 우유와 비교하여 어떻소?' 라고 하
면 왕숙은 '차를 우유의 종으로 삼는 것은 있을 수 없소' 라고
대답했다."고 쓰여 있다.

『동군록(桐君錄)』에는 "서양(西陽)·무창(武昌)·여강
(廬江)·진릉(晉陵)에서 나는 차는 모두 동쪽 사람들이 좋아
하는 차이다.

'맑은 차'를 만드는데 차에는 발(餑)이 있다. 사람이 마시
는데 알맞다.

무릇 가히 마실 만한 물건은 모두 대부분 그 잎을 취한다.
천문동(天門冬)이나 발설(拔楔)은 뿌리를 취하는데 다 사람
에게 유익하다.

또 파동(巴東)에는 별도로 진실한 차가 있는데 이것을 달여
서 마시면 사람들이 잠을 자지 않는다.

풍속 가운데 박달나무 잎과 대조리(大皁李)를 함께 달여서
차를 만드는데 둘다 냉한 것이다.

또 남쪽에는 과로목(瓜蘆木)이 있는데 이것 또한 차와 비슷
하며 몹시 쓰고 떫어서 가루차로 하여 마신다. 이것 또한 한밤
이 지나도록 잠이 오지 않는다.

소금을 달이는 사람들은 다만 이것을 마시는 것을 밑천으로
삼고 있으며 교지(交趾)나 광주(廣州)에서는 가장 소중하게
여긴다.

손님이 오면 먼저 이것을 대접하고 향기로운 나물 따위는
추가로 접대한다."라고 기록하고 있다.

『곤원록(坤元錄)』에는 "진주(辰州) 서포현(漵浦縣) 서북쪽
350리의 무사산(無射山)을 이르기를 '오랑캐의 풍속에는 길
하고 경사스러운 때에는 친족들이 산위에 모여서 춤을 추고
노래 부르는데 산위에는 차나무가 많다.'고 했다."라고 쓰여
있다.

『괄지도(括地圖)』에는 "임수현(臨遂縣)의 동쪽 140리에
는 다계(茶溪)가 있다."라고 하였다.

산겸지(山謙之)의 『오흥기(吳興記)』에는 "오정현(烏程
縣)의 서쪽 20리에 온산(溫山)이 있는데 그곳에서는 천자에
게 진상하는 차가 난다."라고 적혀 있다.

『이릉도경(夷陵圖經)』에는 "황우(黃牛)·형문(荊門)·여
관(女觀)·망주(望州) 등의 산에서 차가 난다."라 쓰여 있다.

『영가도경(永嘉圖經)』에는 "영가현(永嘉縣)의 동쪽 300
리에는 백다산(白茶山)이 있다."라고 쓰여 있다.

『회음도경(淮陰圖經)』에는 "산양현(山陽縣) 남쪽 20리에
차언덕〔茶坡〕이 있다."라고 쓰여 있다.


後魏錄[1] 瑯琊王肅[2] 仕南朝 好茗飮 蓴羹 及還北地 又好羊肉
酪漿[3] 人或問之 茗何如酪 肅曰 茗不堪與酪爲奴

桐君錄[4] 西陽 武昌 廬江 晋陵[5] 好茗皆東人 作淸茗茗有餑[6]
飮之宜人 凡可飮之物 皆多取其葉 天門冬 拔楔[7] 取根 皆益人
又巴東 別有眞茗茶 煎飮 令人不眠 俗中 多煮檀葉幷大皁李 作
茶 竝冷 又南方有瓜蘆木 亦似茗 至苦澁 取爲屑茶飮 亦可通夜
不眠 煮塩人 但資此飮而 交廣[8]最重 客來先設 乃加以香芼[9]輩

坤元錄[10] 辰州溆浦縣西北三百五十里 無射山 云 蠻俗 當吉慶
之時 親族集會歌舞於山上 山多茶樹

括地圖[11] 臨遂縣東一百四十里 有茶溪

山謙之[12] 吳興記 烏程縣西二十里 有溫山 出御荈

夷陵圖經[13] 黃牛 荊門 女觀 望州等山 茶茗出焉

永嘉圖經[14] 永嘉縣東三百里 有白茶山

淮陰圖經[15]  山陽縣南二十里  有茶坡

1) 後魏錄(후위록) : 책의 이름이 아니고 후위시대의 해석을 뜻한다. 『북위서(北魏書)』열전 51권에 있다.

2) 王肅(왕숙) : 자는 공의(恭懿)이며 낭야의 임기(臨沂) 사람.

3) 酪漿(낙장) : 소나 양의 젖. 곧 우유.

4) 桐君錄(동군록) : 『일통지(一統志)』에 '엄주부(嚴州府) 동군산(桐君山)에 옛날에 이인(異人)이 있었다. 이 산속에서 약초를 캐고 오동나무 밑에 오두막집을 지었다. 이로 인하여 이름을 얻었다.'고 적혀 있다. 동군산(桐君山) 동여산(桐廬山)은 절강성(浙江省)의 동여현에 있다.

5) 西陽武昌廬江晋陵(서양·무창·노강·진릉) : 중국의 땅 이름.

6) 餢(발) : 보리떡의 일종.

7) 天門冬拔楔(천문동·발설) : 천문동은 백합과에 딸린 다년초 뿌리는 약재에 쓰인다. 도라지꽃. 발설은 무슨 약재인지 모르겠다.

8) 交廣(교광) : 교지(交趾)나 광주(廣州). 남방의 고을로 열대지방.

9) 芼(모) : 나물의 뜻.

10) 坤元錄(곤원록) : 『송사(宋史)』의 예문지(藝文志)에 의하면 이 책은 당(唐)의 위왕(魏王)인 태(泰)가 지은 10권의 저서인데 지금은 전하지 않는다.

11) 括地圖(괄지도) : 어떤 책인지 자세하지 않다.

12) 山謙之(산겸지) : 기록이 없다.

13) 夷陵圖經(이릉도경) : 지금은 전하지 않는다. 이릉은 춘추시대 초(楚)나라 선왕의 이름에서 유래했다고 한다.

14) 永嘉圖經(영가도경) : 절강성(浙江省)의 영가현 지리서인데 지금은 전하지 않는다.

15) 淮陰圖經(회음도경) : 강소성(江蘇省) 회음시의 지리서인데 지금은

전하지 않는다. 한(漢)나라 때 한신(韓信)이 회음후(淮陰侯)로 봉하여
졌는데 그의 고향이기도 하다.


## 사. 차가 자라는 골짜기

『다릉도경(茶陵圖經)』에 이르기를 "다릉(茶陵)이라는 곳은
이른바 언덕의 골짜기에서 차가 자라는 것이다."라고 하였다

『본초(本草)』의 목부(木部)에는 "명(茗)은 쓴차이다. 맛이
달고도 쓰다. 약간 차지만 독(毒)은 없다. 부스럼을 다스리고
소변을 잘 나오게 하며 가래, 갈증, 몸의 열을 없애고 사람에
게 잠을 적게 한다. 가을에 채취한다. 쓴것이 기운을 내리게
하고 먹은 것을 소화시킨다. 주석(注釋)에서는 봄에 채취한
다."라고 쓰여 있다.

『본초(本草)』의 채부(菜部 : 채소)에는 "쓴차는 일명 다
(茶)이며 일명 선(選)이며 일명 유(游)라고 한다. 겨울에 익
주(益州) 시내의 골짜기나 산의 언덕, 길 옆에서 자란다. 겨울
을 지내면서도 죽지 않는다. 3월 3일에 따서 말린다."고 했다.

주석(注釋)에 이르기를 "의심건대 이것은 지금의 차이다.
일명 도(荼)라고 하며 사람으로 하여금 잠이 없게 한다."고
하였다.

『본초주(本草注)』에는 "참고하여 보면 『시경(詩經)』에 이
르기를 '누가 도(荼)를 쓰다 하였는가?'라고 하였으며 또 이
르기를 '근도(菫荼)는 엿과 같다.'고 하였는데 이것은 다 쓴
나물이다. 도홍경은 '고다(苦茶)는 나무의 종류요, 채소의 계
통이 아니다.'고 했다. 명(茗)은 봄에 따는 것으로 고도(苦搽)

라고 이른다."하였다.

『침중방(枕中方)』에는 "오래된 부스럼을 낫게 하는 데는 쓴
차와 지네를 함께 구워 냄새가 나도록 익혀서 반으로 갈라 찧
고 체로 쳐서 감초탕으로 달인 물로 씻어내고 가루를 바른다."
라고 쓰여 있다.

『유자방(孺子方)』에는 "어린아이가 이유없이 놀라고 뛸 때
에는 쓴차〔苦茶〕와 파뿌리를 달여서 복용시킨다."라고 적혀
있다.


茶陵圖經¹⁾云 茶陵者 所謂 陵谷生茶茗焉

本草²⁾木部 茗苦茶 味甘苦 微寒 無毒 主瘻瘡 利小便 去痰 渴
熱令人少睡 秋採之 苦 主下氣消食 注云 春採之

本草菜部 苦茶 一名茶 一名選 一名游 冬 生益州³⁾川谷 山陵
道傍 凌冬不死 三月三日 採乾 注云 疑此卽是今茶 一名茶 令人
不眠 本草注 接 詩⁴⁾云 誰謂茶苦 又云 菫茶如飴 皆苦菜也 陶⁵⁾
謂之苦茶 木類 非菜流 茗春採 謂之苦搽

枕中方⁶⁾ 療積年瘻 苦茶 蜈蚣 竝炙 令香熟 等分搗篩 煮甘草
湯洗 以末傅之

孺子方⁷⁾ 療小兒無故驚蹶 以苦茶 葱鬚 煮服之

1) 茶陵圖經(다릉도경) : 책의 이름. 지리서. 다릉은 『다릉세기(茶陵世
   紀)』에는 '신농씨(神農氏)를 다릉에 제사지냈다고 했다. 당(唐)나라
   때에는 강남(江南)의 형주(荊州)에 다릉현이 있었다. 본명이 경양산
   (景陽山)이던 다릉은 지금의 호남성 다릉현에 있다.'고 쓰여있다.
2) 本草(본초) : 식물과 약재에 관한 학문. 또는 그에 관한 서적.
3) 益州(익주) : 사천성(泗川省)의 성도(成都)이다.

4) 詩(시) :『시경』패풍(邶風)의 곡풍(谷風)편 문장과 대아(大雅) 면 (綿)편의 문장이다.

5) 陶(도) : 도은인(陶隱人). 곧 도흥경을 뜻한다.

6) 枕中方(침중방) : 의서(醫書)인데 지금은 전하지 않는다. 단『본초』의 인용에 손진인(孫眞人)의 『침중기(枕中記)』와 엽천사(葉天師)의 『침 중기』가 있는데 누구의 것인지 모르겠다.

7) 孺子方(유자방) : 어떤 사람의 저술인지 자세하지 않다. 단 유자는 어 린아이를 뜻하므로 유자방이란 어린아이를 위한 처방인 것 같다.

# 8. 여덟째, 차가 나는 곳[八之出]

## 가. 산남(山南)에서는 협주(峽州) 차가 제일이다

산남[山南 : 중도(中都) · 호광(湖廣) · 사천(四川) 지방]에서는 협주[峽州 : 원안(遠安) · 의도(宜都) · 이릉(夷陵)의 세 고을 골짜기에서 생산되는 차]의 차가 상등품이다.

양주[襄州 : 남장현(南障縣)의 산골짜기]와 형주[荊州 : 강릉현 (江陵縣)의 산골짜기]의 차가 차등품이다.

형주[衡州 : 형산과 다릉(茶陵)의 두 고을의 산골짜기에서 나는 차]의 차는 하등품이다.

금주[金州 : 서성(西城), 안강(安康)의 두 고을의 산골짜기]와 양주[梁州 : 양성(襄城)과 금우(金牛)의 두 고을의 산골짜기]의 차는 또 더 하등품이다.

八之出

山南[1] 以峽州[2] 上〔峽州 生遠安宜都夷陵 三縣山谷〕 襄州[3] 荊州[4] 次〔襄州 生南障縣山谷 荊州 生江陵縣山谷〕 衡州[5] 下〔生衡山茶陵 二縣山谷〕 金州[6] 梁州[7] 又下〔金州 生西城安康 二縣山谷 梁州 生襄城金牛 二縣山谷〕

1) 山南(산남) : 중국의 당(唐)나라 태종(太宗) 정관(貞觀) 원년에 전국을
   10개 감찰구역으로 나누었는데 그중의 하나가 산남도(山南道)이다. 산
   남도는 2부(府) 33주(州) 60현(縣)으로 되어 있었다. 산남은 종남산(終
   南山)과 태화산(太華山)의 남쪽에 위치한 까닭으로 붙여진 이름이다.

2) 峽州(협주) : 촉(蜀)에서 삼협(三峽)의 입을 막는 고장이라 하여 협주
   (峽州)라고 이름하였다. 주를 다스리는 행정부는 지금의 호북성 의창현
   에 있었다. 협주는 당(唐)의 현종(玄宗) 천보(天寶) 원년에 이릉군(夷
   陵郡)이라고 하였다.

3) 襄州(양주) : 후한(後漢) 때 양양(襄陽)이라고 하다가 서위(西魏)
   때부터 양주(襄州)라고 하였다.

4) 荊州(형주) : 형산(荊山)에서 유래하였다. 진(秦)나라 때에는 형주
   남도(南都)라고 하였다. 당나라 때에는 강릉부(江陵府)라고 하였다.

5) 衡州(형주) : 형산(衡山)에서 유래되었다. 당나라 때에는 강남도에 있
   었고 형양현에서 다스렸다.

6) 金州(금주) : 산남(山南)의 속현으로 안강군(安康郡)이다.

7) 梁州(양주) : 양산(梁山)에서 유래하였다. 산남도의 관할구역으로 한천
   군, 한중군, 흥원부라고도 한다.


## 나. 회남(淮南)에서는 광주의 차가 제일이다

회남(淮南 : 중도(中都), 호광(湖廣)지방) 지방에서는 광주
(光州 : 광산현(光山縣) 황두항(黃頭港))의 차가 상등품이다.
〔광산현의 황두항에서 나는 차는 협주(峽州)차와 같다.〕

의양군(義陽郡) 서주(舒州)의 차는 차등품이다.〔의양현(義陽
縣)의 종산(鍾山)에서 나는 차는 양주(襄州)의 차와 같고 서주의 태

호현(太湖縣) 잠산(潛山)에서 나는 차는 형주(荊州)의 차와 같다.〕

　수주(壽州)의 차는 하등품이다.〔성당현(盛唐縣) 곽산(霍山)의
차는 형산(衡山)의 차와 같다.〕

　기주(蘄州)와 황주(黃州)의 차는 더욱 하등품이다.〔기주의
황매현(黃梅縣) 산골짜기에서 나는 차는 황주(黃州)의 마성현(麻城
縣) 산골짜기에서 나는 차와 함께 형주(荊州)와 양주(梁州)의 차와
같다.〕


　淮南[1]以光州上〔生光山縣 黃頭港者 與峽州同〕義陽郡[2] 舒州次
〔生義陽縣 鍾山者 與襄州同 舒州 生太湖縣潛山者 與荊州同〕壽州[3]
下〔生盛唐縣霍山者 與衡山同也〕蘄州[4] 黃州[5] 又下〔蘄州 生黃梅縣
山谷 黃州 生麻城縣山谷 並與荊州梁州同也〕

1)　淮南(회남) : 당(唐)나라 태종의 정관 원년에 10개의 도(道)로 나눌
　　때 회수(淮水)의 남쪽에 있다고 하여 회남이라고 하였다. 지금의 호북
　　성 대강 이북과 한수의 동쪽, 강소성과 안휘성을 흐르는 대강의 북쪽
　　및 회수의 남쪽, 하남성의 남부를 망라하는 지역이다.

2)　義陽郡(의양군) : 당(唐)의 초기에는 신주(申州)라고 하고 현종(玄宗)
　　의 천보 연간에 의양군이라고 고쳤다.

3)　壽州(수주) : 회남도(淮南道)의 속주(屬州)이다.

4)　蘄州(기주) : 회남도에 소속되어 있던 고을.

5)　黃州(황주) : 회남도에 소속되어 있던 고을.


## 다. 절서에서는 호주(湖州)의 차가 상등품

　절서(浙西 : 절강(浙江)지방)에서는 호주(湖州)의 차가 상등

품이다.〔호주(湖州)의 장성현(長城縣) 고도산(顧渚山) 골짜기의 차는 협주(峽州)와 광주(光州)의 차와 동일하고 산상(山桑)과 유사(儒師)의 두 고을에서 나는 차는 모산(茅山)의 현각령(懸脚嶺)차와 양주(襄州), 형주(荊州)의 의양군(義陽郡) 차와 동일하다. 봉정산(鳳亭山) 복익각(伏翼閣), 비운(飛雲) 곡수(曲水)의 두 절과 탁목령(啄木嶺)에서 나는 차는 수주(壽州), 상주(常州)의 차와 같다. 안길(安吉)과 무강(武康)의 두 고을 산골짜기에서 나는 차는 금주(金州)와 양주(梁州)의 것과 같다.〕

상주(常州)의 차는 차등품이다.〔상주 의흥현(義興縣)에서는 군산(君山)의 현각령(懸脚嶺)의 북쪽 봉우리 아래서 나는 것과 형주(荊州)의 의양군 것과 같고 권령(圈嶺)의 선권사(善權寺)가 있는 석정산(石亭山)에서 나는 것이 서주(舒州)의 것과 동일하다.〕

선주(宣州), 항주(杭州), 목주(睦州), 흡주(歙州)의 차는 하등품이다.〔선주에서는 선성현(宣城縣)의 아산(雅山)에서 나는데 기주(蘄州) 것과 같다. 태평현(太平縣)의 상목(上睦)과 임목(臨睦)에서 나는 것은 황주(黃州) 것과 동일하다. 항주(杭州)의 임안현(臨安縣)과 어잠현(於潛縣)에서는 천목산(天目山)에서 나는데 서주(舒州) 것과 같다. 전당현(錢塘縣)에서는 천축사(天竺寺)와 영은사(靈隱寺)에서 나는 것과 목주(睦州)에서는 동노현(桐盧縣)의 산골짜기에서 나는 것과 흡주에서는 무원현(婺源縣)의 산골짜기에서 나는 차가 형주(衡州)의 차와 같다.〕

윤주(潤州)와 소주(蘇州)의 차는 더욱 하등품이다.〔윤주의 강녕현(江寧縣)에서는 오산(傲山)에서 나는 차와 소주(蘇州)의 장주현(長州縣)에서는 동정산(洞庭山)에서 나는 차가 금주(金州), 기주(蘄州), 양주(梁州)의 차와 동일하다.〕

浙西<sup>1)</sup>以湖州上〔湖州 生長城縣顧渚山谷 與峽州 光州同 若生山桑
儒師二縣 茅山懸脚嶺 與襄州 荊州義陽郡同 生鳳亭山伏翼閣飛雲曲水
二寺 啄木嶺 與壽州 常州同 生安吉武康二縣山谷 與金州梁州同〕常
州<sup>2)</sup>次〔常州義興縣 生君山懸脚嶺北峯下 與荊州義陽郡同 生圈嶺善
權寺石亭山 與舒州同〕宣州<sup>3)</sup> 杭州<sup>4)</sup> 睦州<sup>5)</sup> 歙州<sup>6)</sup>下〔宣州 生宣城縣
雅山 與蘄州同 生太平縣上睦臨睦 與黃州同 杭州 臨安 於潛二縣 生天
目山 與舒州同 錢塘 生天竺靈隱二寺 睦州 生桐廬縣山谷 歙州 生婺源
山谷 與衡州同〕潤州<sup>7)</sup> 蘇州<sup>8)</sup> 又下〔潤州江寧縣 生傲山 蘇州長洲縣
生洞庭山 與金州 蘄州梁州同〕

1) 浙西(절서) : 절강(浙江)의 서부지방을 가리킨다.
2) 常州(상주) : 당(唐)나라 고조(高祖) 때 강남도에 속하였다. 지금의 강
   소성 상주시이다.
3) 宣州(선주) : 수(隋)나라 때 선주라고 하였다. 강남도의 고을이었으며
   지금의 안휘성 선성현이다.
4) 杭州(항주) : 강남도에 소속된 고을이었으며 지금의 절강성 항주시이다.
5) 睦州(목주) : 수(隋)나라 문제(文帝) 인수(仁壽) 3년에 설치된 고을인
   데 당(唐)나라 때는 강남도에 속했다. 지금의 절강성 건덕현이다.
6) 歙州(흡주) : 수(隋)나라 문제 개황(開皇) 9년에 신안군 흡주로 개칭
   하였다. 지금의 안휘성 흡현이다.
7) 潤州(윤주) : 지금의 강소성 진강시이다. 수(隋)나라 개황 15년에 고을
   안의 동쪽으로 흐르는 윤포(潤浦)에서 비롯된 이름이다.
8) 蘇州(소주) : 수(隋)나라 때 고소산(姑蘇山)에서 비롯된 이름이다.
   당나라 때에 강남도에 속하였으며 지금의 강소성 소주시이다.

## 라. 검남(劍南)에서는 팽주의 차가 상등품

검남(劍南)에서는 팽주(彭州)의 차가 상등품이다.〔구롱현(九隴縣)의 마안산(馬鞍山) 지덕사(至德寺)의 붕구(棚口)에서 나는 차는 양주(襄州)의 차와 같다.〕

면주(綿州)와 촉주(蜀州)의 차는 차등품이다.〔면주의 용안현(龍安縣)에서는 송령관(松嶺關)에서 나는데 형주(荊州)의 차와 같고, 그 서창(西昌), 창명(昌明), 신천현(神泉縣)의 서산(西山)에서 나는 차는 모두 아름답다. 과송령(過松嶺)에 있는 차는 채취할 것이 못된다. 촉주의 청성현(靑城縣) 장인산(丈人山)에서 나는 차는 면주(綿州)의 것과 동일하다. 청성현에는 산차(散茶)와 목차(木茶)가 있다.〕

공주(邛州)의 차는 차등품이고 아주(雅州)와 노주(瀘州)에서 나는 차는 하등품이다.〔아주(雅州)의 백장산(百丈山)과 명산(名山), 노주(瀘州)의 노천(瀘川)에서 나는 차는 금주(金州)에서 나는 차와 동일하다.〕

미주(眉州)와 한주(漢州)의 차는 더욱 하등품이다.〔미주의 단릉현(丹稜縣)에서는 철산(鐵山)에서 나는 차와 한주의 면죽현(綿竹縣)에서는 죽산(竹山)에서 나는 차가 윤주(潤州)의 차와 같다.〕

劍南[1]以彭州[2]上〔生九隴縣 馬鞍山 至德寺 棚口 與襄州同〕綿州[3] 蜀州[4]次〔綿州龍安縣 生松嶺關 與荊州同 其西昌 昌明 神泉縣西山者 竝佳 有過松嶺者 不堪採 蜀州靑城縣 生丈人山 與綿州同 靑城縣 有散茶 木茶〕邛州[5]次 雅州[6] 瀘州[7]下〔雅州百丈山 名山 瀘州瀘川者 與

金州同也〕 眉州⁸⁾ 漢州⁹⁾ 又下〔眉州丹稜縣 生鐵山者 漢州綿竹縣
生竹山者 與潤州同〕

1) 劍南(검남) : 당(唐)나라 태종 정관초에 검각산맥의 남쪽에 두었던 도
   (道)이다. 지금의 사천성에 해당한다.

2) 彭州(팽주) : 주(周)나라 때 팽국(彭國)이었는데 당나라 때 검남도에
   소속되었다. 지금의 사천성 팽현이다.

3) 綿州(면주) : 검남도에 소속되었던 주로 지금의 사천성 면양현이다.

4) 蜀州(촉주) : 검남도에 소속된 주였으며 지금의 사천성 숭경현에 해당
   된다.

5) 邛州(공주) : 검남도에 소속된 주로 지금의 사천성 공대현이다.

6) 雅州(아주) : 검남도의 소속으로 지금의 사천성 아안현이다.

7) 瀘州(노주) : 검남도에 소속된 주이며 지금의 사천성 노주시이다.

8) 眉州(미주) : 검남도에 속했다. 지금의 사천성 미산현이다.

9) 漢州(한주) : 검남도에 소속되었던 지금의 사천성 광안현이다.


## 마. 절동(浙東)에서는 월주차가 상등품이다

절동(浙東)에서는 월주(越州)의 차가 상등품이다.〔여요현
(餘姚縣)의 폭포천(瀑布泉) 산마루에서 나는 차를 '선명(仙茗)'이
라고 하는데 큰 것은 특이하게 다르고 작은 것은 양주(襄州)의 것과
동일하다.〕

명주(明州)와 무주(婺州)의 차는 차등품이다.〔명주 무현(貿
縣)의 유협촌(楡筴村)에서 나는 차와 무주의 동양현(東陽縣) 동백
산(東白山)에서 나는 차는 형주(荊州)의 차와 동일하다.〕

태주(台州)의 차는 하등품이다.〔태주 시풍현(始豊縣)의 적성

(赤城)에서 나는 차는 흡주(歙州)의 차와 동일하다.〕

　浙東[1]以越州[2]上〔餘姚縣 生瀑布泉嶺 曰 仙茗 大者 殊異 小者 與
襄州同〕 明州[3]婺州[4]次〔明州鄮縣 生楡筴村 婺州東陽縣 東白山 與荊
州同〕 台州[5]下〔台州始豊縣 生赤城者 與歙州同〕

1) 浙東(절동) : 절강지방으로 당(唐)나라 숙종(肅宗) 건원(建元) 원년에
　둔 절강동도를 말한다.

2) 越州(월주) : 절강도에 속하는 주로 지금의 절강성 소흥시이다.

3) 明州(명주) : 절강동도 소속으로 지금의 절강성 운현이다.

4) 婺州(무주) : 절강동도 소속으로 지금의 절강성 동양현이다.

5) 台州(태주) : 절강동도의 소속으로 지금의 절강성 임해현에 해당한다.


## 바. 그밖의 지역에도 맛좋은 차가 있다

　검중(黔中)에서는 사주(思州)·파주(播州)·비주(費
州)·이주(夷州)에서 차가 난다.

　강남(江南)에서는 악주(鄂州)·원주(袁州)·길주(吉州)
에서 난다.

　영남(嶺南)에서는 복주(福州)·건주(建州)·소주(韶
州)·상주(象州)에서 난다.〔복주는 민현(閩縣) 방산(方山)의
음지에서 난다.〕

　이처럼 사주(思州)·파주(播州)·비주(費州)·이주(夷
州)·악주(鄂州)·원주(袁州)·길주(吉州)·복주(福州)·
건주(建州)·소주(韶州)·상주(象州)의 11개 주(州)에 대하
여서는 아직은 자세히 알지 못한다. 다만 이따금씩 얻어 마시

면 그 맛이 지극히 아름답다.

黔中[1] 生思州 播州 費州 夷州

江南[2] 生鄂州 袁州 吉州

嶺南[3] 生福州 建州 韶州 象州〔福州 生閩縣方山之陰也〕

其思播費夷鄂袁吉福建韶象 十一州 未詳 往往得之 其味極佳

1) 黔中(검중) : 당(唐)나라 현종(玄宗)의 개원 21년에 둔 도(道)로 지금
   의 호남성 귀주성 지방이다.

2) 江南(강남) : 당나라 태종 정관 원년에 둔 도이다. 지금의 절강(浙江),
   복건(福建), 강서(江西), 호남(湖南), 강소(江蘇), 안휘, 호북성의 큰
   강의 남쪽 땅이다.

3) 嶺南(영남) : 당나라 태종 정관 원년에 둔 도이며 광동성(廣東省), 광
   서성(廣西省) 지역이다.

# 9. 아홉째, 차의 대략[九之略]

## 가. 7가지는 모두 쓰지 않는다

차를 만드는 도구는 봄의 불을 금하는 때(한식날)를 당하여 들의 절간이나 산의 정원에서 일손을 모아 차를 따고 이에 쪄 내고 이에 방아를 찧고 이에 다시 불에 말릴 수만 있다면 창 이나 두드리개나 배로(焙爐)나 꿰뚫으개나 선반이나 꿰미나 기름통[育] 등의 7가지 일들은 다 폐지한다.

### 九之略

其造具 若方春禁火<sup>1)</sup>之時 於野寺山園 叢手<sup>2)</sup>而掇 乃蒸 乃舂 乃復<sup>3)</sup>以火乾之 則又棨撲焙貫棚穿育等 七事 皆廢

1) 春禁火(춘금화) : 봄날에 불을 금하는 날. 곧 한식날(寒食日)을 말한 다. 중국에서는 춘추시대 진(晋)나라 문공(文公)의 신하 개자추(介子 推)를 기념하기 위하여 한식날 불을 금하고 있다.

2) 叢手(총수) : 일손을 모으다. 곧 손을 모으다. 많은 일손의 뜻.

3) 乃復(내부) : 이곳의 밑에 혹 탈자가 있지 않나 생각된다.

## 나. 소나무 사이의 돌 위에 앉힐 수만 있다면

달이는 그릇은 만약 소나무 사이의 돌 위에 올라 앉힐 수만 있다면 그릇을 진열하는 것은 쓰지 않아도 된다.

마른 나무와 세발 달린 솥이나 다리 굽은 솥 등속을 쓰면 구기, 풍로(風爐), 재받이(灰承), 숯가르개, 부젓가락, 교상(交床) 등은 쓰지 않아도 된다.

만약 샘을 보고 산골 물에 다다르면 물통, 세척물통, 물을 거르는 자루 등은 쓰지 않아도 된다.

만약 7명 이하이며 차도 가히 맛좋은 것이라면 체를 쓰지 않아도 된다.

만약 칡덩굴의 도움으로 바위에 오르거나 밧줄을 이용하여 동굴에 들어가는 데는 산의 입구에서 차를 구워 가루로 만든 것을 혹은 종이로 싸거나 함에 저장한다면 연(碾)이나 가루털이개를 쓰지 않아도 된다.

其煮器 若松間石上可坐 則具列[1]廢 用槁薪 鼎鑷[2]之屬 則 風爐灰承 炭檛 火筴 交床等廢 若瞰泉臨澗 則水方 滌方 漉水囊 廢 若五人已下茶可味而精者則羅廢 若援藟躋嵒引絙[3]入洞 於山 口 炙而之末 或紙包合貯 則碾拂末等廢

1) 具列(구열) : 차를 달이는 기구를 나열하다. 진열하다.
2) 鼎鑷(정역) : 정은 세발 달린 솥. 역은 다리가 굽은 솥.
3) 絙(긍) : 밧줄. 굵은 밧줄.

### 다. 차를 달이는 24가지 도구

이미 표주박[瓢], 사발[盌], 대젓가락, 솔[札], 익은 물사발, 소금단지를 모두 하나의 큰 대광주리에 담았으면 모듬바구니는 쓸 필요가 없다.

다만 성안의 읍내에서나 왕공(王公)의 문안에서는 스물 네 가지의 차그릇 가운데에서 하나만 빠지더라도 차를 달이는 것을 폐지할 도리 밖에 없다.

旣瓢 盌 筴 札 熟盂 鹺簋 悉以一筥盛之 則都籃癈 但城邑[1]之中 王公之門[2] 二十四器闕一則茶廢矣

1) 城邑(성읍) : 고을의 읍내. 곧 관청이 있는 지방의 거리.

2) 王公之門(왕공지문) : 왕이 있는 수도나 제후가 있는 집안. 곧 대궐이나 제후의 거처.

# 10. 열번째, 차의 그림〔十之圖〕

하얀 비단으로 혹은 4폭이나 혹은 6폭으로 나누어 펴서 그림을 그린다. 모든 것의 자리와 위치를 안배하여 『다경(茶經)』의 첫번째 차의 근원, 두번째 차의 도구, 세번째 차의 제조, 네번째 차의 기구, 다섯번째 차의 달임, 여섯번째 차 마시기, 일곱번째 차의 내력, 여덟번째 차의 산지, 아홉번째 차의 대략 등을 눈여겨 볼 수 있도록 보존한다.

이것으로 『다경(茶經)』의 처음부터 끝까지가 완비된 것이다.

十之圖
以絹素[1]或四幅[2] 或六幅 分布寫之 陳諸座隅 則茶之源 之具 之造 之器 之煮 之飲 之事 之出 之略 目擊而存 於是 茶經之始 終[3]備焉

1) 絹素(견소) : 비단의 흰 것.
2) 四幅(사폭) : 비단의 4폭에 『다경』의 일을 그림으로 나타내는 것을 뜻한다. 차나무의 그릇은 아니다. 당(唐)나라 때 비단의 한 폭은 1자8치이고 한 자는 30cm 정도이므로 한 폭은 약 56cm 정도가 된다.
3) 始終(시종) : 시작과 끝. 곧 차에 관한 모든 일. 곧 처음부터 끝까지를 나타내는 것이다.

# 육우(陸羽)의 행적

## 자신도 모르는 출생

육우(陸羽)는 자신의 부모나 출생지 또는 출생연도를 육우 자신도 몰랐다.

당(唐)나라 현종(玄宗)황제의 개원(開元) 15년경(727년) 산남도(山南道) 경릉현(지금의 호북성 천문현)의 서호(西湖) 복부주(覆釜州)에 용개사(龍蓋寺)가 있었다.

어느날 새벽 용개사의 지적선사(智積禪師)가 갈대밭에서 기러기떼의 소란스러운 울음소리와 함께 갓난아이의 울음소리도 함께 섞여 있는 것을 들었다. 선사는 의아한 생각이 들어 울음소리가 나는 곳으로 가보았다.

물가에 기러기떼가 떼지어 내려앉아 날개로 갓난아이를 감싸고 있었다. 선사는 기이한 생각이 들기도 하고 또 처량하게 느껴져 아이를 데려다 기르게 되었는데 그가 육우(陸羽)이다.

이때부터 육우는 절에서 자라게 되었으며 9세 때부터 선사

밑에서 불경공부를 시작하였다.

### 외도에 빠지다

그는 어느날 스승인 지적선사에게

"형제도 드물고 대를 이을 아들도 없게 되며 옷에는 물을 들이고 머리를 깎아 석씨(釋氏 : 불교)라는 성이 됩니다. 이러한 것을 유학자(儒學者)에게 문의해도 효도라고 할 수 있겠습니까."

라고 묻고 자신은 장차 성인(聖人)인 공자(孔子)의 글을 배우겠다고 하였다.

지적선사는

"좋다. 너는 효도를 하라. 그러나 서쪽의 도(道 : 불교)도 그 이름이 큰 것이다."

고 하였다.

이때부터 지적선사는 불경공부를 고집하고 육우는 유학의 경전을 들고 굴복하지 않았다.

지적선사는 육우에게 절간의 마당쓸기, 뒷간청소, 흑벽바르기, 기왓장 갈아입히기, 소 120마리 기르기 등의 불당에서 이루어지는 기초수행을 시켰다.

그당시 경릉의 서호땅에는 종이가 없었다. 육우는 대나무 채찍으로 기회 있을 때마다 몰래 소의 등에 글을 쓰면서 유학의 경전을 익혔다.

어느때 학자에게 잘 모르는 문자를 물어보러 시내로 나갔을 때 장형(張衡)이 지은 「남도부(南都賦)」를 얻었으나 그는 읽을 수가 없었다.

　이때 육우는 소를 기르는 곳에서 푸른 옷을 입은 어린아이를 흉내내어 높이 앉아서 책을 펼치고 달삭달삭 하고 있었다.

　이러한 행동을 목도한 지적선사는 육우가 점점 외전(外典 : 불교 밖의 경전)에 물들어 가고 불도에서 떠날 날이 멀지 않았다는 것을 알고 육우를 절안에 있게 하고 무성한 풀을 베거나 문인(門人)을 주제케 했다.

　육우는 문인을 주제하는 일에는 관심이 없고 어떤 때는 마음 속에 글씨를 새기고 넋이 나간 것 같기도 하고 또는 의기는 뻣뻣했으나 불도에는 특별한 관심을 보이지 않았다.

　이러한 그의 행동을 우두머리는 게으름이라 하여 육우에게 매를 가하자 육우는 탄식하면서

　"세월이 가도 글을 모르게 될까 두렵구나."

　라고 하면서 목놓아 울었는데 몸을 가누지 못할 정도로 비참하게 울었다.

　이후로 육우는 우두머리를 버리고 절에서 떠나버렸다.


## 광대가 되기도 하다

　스님의 옷을 접어두고 광대패〔伶黨〕를 찾아가서 '학담(謔談)' 3편을 지었으며 몸소 잔치가 있으면 광대가 되어 나무인형, 아전, 구슬감추기 등의 연기도 직접하였다.

　어느날 용개사의 스님이 육우를 찾아와

　"너는 앞길을 망쳤구나. 아깝다. 큰스님께서 '내 제자에게 하루에 2시간의 외전(유학)공부를 허락하겠다. 이것은 외도를 항복시키려는 것이다. 내 제자는 많으나 너가 바라는 대로 따르는 것이다. 그러니 악공(樂工)만은 그만두어라.' 라고 말씀

하셨다."
라고 전하였다.

## 성과 이름을 얻다

이날부터 다시 절로 돌아온 육우는 점점 학문도 성장하였다.
어느날 육우 혼자서 산가지로 점을 쳤다.

점괘에서 '건지점(謇之漸 : 험난한 것이 점점 많아진다)'의
글귀를 얻었다.

『주역』의 점괘(漸卦) 上九효에 '큰 기러기가 공중으로 날아
간다. 그의 깃은 의식에 쓸 수 있는 것이라 길하다(上九는 鴻
漸干陸이니 其羽可用爲儀니 吉하니라)'라고 되어 있다.

이 점괘를 얻고난 후 성은 육(陸)씨이고 이름은 우(羽)라고
하고 자(字)는 홍점(鴻漸)이라고 하여 이때부터 육우였다고
『신당서』에는 기록하고 있다.

또 일설에는 용개사의 지적선사가 속성(俗姓)이 육씨(陸
氏)인데 그 지적선사의 성을 따라서 육씨로 했다는 것이다.

육우는 어쨌든 관례(冠禮)를 올리던 20세에 비로소 자신의
성명을 얻게 되었다.

당나라 현종(玄宗)의 천보(天寶) 연간(742~755)에 영
(郢)땅에 사는 사람들이 창랑(滄浪)에 모여 술을 마실 때 읍
의 관리가 육우를 초청하여 술자리 광대의 사범으로 삼았다.

그당시 하남도(河南道)의 부윤(府尹 : 부지사)으로 있던 이
제물(李齊物)도 그 잔치에 참여하여 육우의 행동을 보고 기특
하게 여겼다. 이제물은 육우의 손을 잡고 등을 두드리며 자신
의 시집을 직접 주면서 글공부를 하도록 하였다.

## 맹자의 사당에서 공부하다

이러한 인연으로 육우는 책을 가지고 천문현의 서쪽에 위치한 화문산의 추부자(鄒夫子 : 맹자의 사당)의 별장에 가서 소원대로 유학(儒學)과 문학공부를 하게 되었다.

공부를 마치고 화문산에서 내려온 육우는 이제물의 비서가 되어 민정시찰의 길을 수행하게 되었다.

이때 육우가 이제물에게

"사람을 부를 때는 수레에서 내려 하는 것이 좋겠습니다."

라고 건의도 하였다.

육우의 건의에 따라 자신의 행동을 고쳤던 이제물은 아래의 관리로부터

"관리로서 예절을 닦지 않는 자가 있고 승려로서 계율이 깨끗하지 못한 자가 있고 백성으로서 게으른 자가 있습니다."

라고 보고를 받았다.

이때부터 이제물은 도민을 잘 다스려 관할구역은 수년만에 형편이 크게 변화되어 복희(伏羲)시대나 신농(神農)시대처럼 태평스러워졌다.

관내의 고아를 가엾게 여기고 노인을 존중하였으며 만약 도를 즐기는 숨은 선비가 있으면 몸소 말을 타고 가서 위문하였다고 안진경(顏眞卿)이 찬한 「이공신도비명」에 쓰여 있다.

## 차 달일 물을 품평하다

또 육우는 천보 연간에 왕한의 모반에 즈음하여 그의 형인 왕홍과 근친이라는 이유로 경릉군의 태수로 좌천된 최국보(崔

國輔)와 교분이 있었고 그와는 서로 차를 달일 물의 품수를 비교하여 결정할 정도의 교제도 가졌다.

최국보와는 교제한 지 3년만에 헤어지게 되었다. 헤어질 때 최국보가 육우에게 말했다.

"나에게는 양양의 태수 이징이 보내준 흰 나귀와 검은 봉우 (낙타 비슷한 소, 들소), 그리고 노공(盧公)이 보내준 문괴서함 (文槐書函)이 있네. 이 물건들은 모두 내가 아끼는 것이지만 야인(野人)의 입맛을 맞추는 데에는 걸맞는 것이니 특별히 기증하겠네."

이 소담한 뜻과 드높은 우정은 당시에 숭상하는 바가 되었다고 「당재자전(唐才子傳)」에 기록되어 있다.

## 경박하고 못생겼다

육우의 용모는 경박하고 못생겼으며 말더듬이었는데도 말재간은 있었다.

남의 좋은 일을 들으면 자신이 행한 것처럼 무척 좋아하였으며 잘못이 있는 자를 보면 자신에게 잘못이 있었던 것처럼 매우 부끄러워하였다.

친구들과 잔치상에 앉았다가도 문득 가보아야 할 곳이 생각나면 자리를 떠났으므로 사람들은 그때마다 그가 화가 난 것이 아닌가 생각할 정도였다.

또 육우는 남들과의 약속에서는 비가 오거나 눈이 오거나 호랑이가 나타난다 하더라도 어김없이 지켰다.

현종의 천보 14년(755) 11월에 안록산(安祿山)의 반란이 일어났는데 이때 육우는 난리를 피하여 양자강 이남인 상주의 양선산(陽羨山)에서 숨어 살았다.

이때에 있었던 일은 육우와 친한 시승(詩僧)인 석교연(釋皎然)이 지은 시에도 나타나 있다. '바삐 단양(丹陽)으로 가서 육처사(陸處士)를 찾았으나 만나지 못했다.'라는 시이다. 또 무석현(無錫縣)의 현위(縣尉)를 지낸 윤주(潤州) 단양현(丹陽縣) 출신의 황보염이 읊은 '육홍점이 서하사에서 차 따러가는 것을 배웅하다(送陸鴻漸棲霞寺採茶)'라는 시를 보면 당시에 황보염과 교유하고 있었음도 알 수 있다.

육우는 숙종황제(肅宗皇帝)의 상위(上元) 초년(760)에 초계(苕溪)의 물가에 오두막을 짓고 저술에 몰두하였다.

육우가 상저옹(桑苧翁)이라고 이름한 것은 주변에 뽕나무와 삼(麻 : 苧)밭이 있었기 때문이었으리라.

## 자유방임하다

육우는 길을 떠날 때에는 건[紗巾]과 등나무껍질로 삼은 신과 짧고 굵은 베옷과 송아지 코처럼 짧은 잠방이 차림이었다.

어떤 때는 가끔 홀로 벌판을 거닐면서 시를 읊조리거나 나무를 두드리며 배회하고 뜻을 얻지 못하면 통곡하고 돌아오는 일도 있었다.

이 때문에 당시의 사람들은 그를 초(楚)나라의 광접여(狂接輿)에 비유하기도 하였다.

육우가 거처하던 산속의 오두막에는 심심치 않게 손님들이 찾아왔는데 이것은 석교연의 '봄날 밤 육처사와 모여 달을 즐기다(春夜陸處士翫月)'와 '이판관 육처사의 새집에 모이다(李判官集陸處士羽新宅)'에의 글에서 알 수가 있다.

또 육우는 호주(湖州)의 오정현(절강성 오흥현)의 청당문 밖에도 집을 가지고 있었다.

## 저서는 74권이다

육우가 지은 대부분의 저서는 모두 초계(苕溪)와 청당의 별 채에서 완성된 것으로 알려져 있는데 그는 자신의 저서를 굵 은 베자루에 간수하였다고 하였다.

『원해(原解)』30권,『남북인물지(南北人物志)』10권,『오흥 역관기(吳興歷官記)』3권,『호주자사기(湖州刺史記)』1권, 『다경(茶經)』3권,『고저산다기(顧渚山茶記)』2권,『군신계 (君信契)』3권,『저산기(杼山記)』『혜산기(惠山記)』『호구산 지(虎邱山志)』『수품(水品)』『훼다론(毀茶論)』『교방록(敎 坊錄)』1권,『점몽(占夢)』3권,『강표사성보(江表四姓譜)』 10권,『당오승시(唐五僧詩)』1권,『영은천축이사기(靈隱天 竺二寺記)』『육문학자전(陸文學自傳)』1권 등이 있다.

이상의 저서들은 대부분 없어지고 오직 『다경』과 『육문학자 전』이 전할 뿐이다.

단 이의봉(李義鳳)의 『고금석림(古今釋林)』에는 육우가 지은 『고저산다기』가 인용된 서목으로 적혀있다.

또 당(唐)나라의 피일휴(皮日休)는 『다구잡영의 서문』에서 『저산다기』의 2편을 보았다고 했는데 여기에도 차에 대한 것 이 많이 기록되어 있다고 하였다.

또 『육문학자전』은 당나라 의종(懿宗)의 함통(咸通) 15년 (874년) 호북성의 복주(천문현)에 비석으로 세워졌으나 지금 은 전하지 않는다.

또 『영은천축이사기』는 덕종(德宗)의 정원(貞元) 연간 (785~804)에 영은사(靈隱寺)에서 지은 것인데 이 글은 송 (宋)나라 진종(眞宗) 황제의 대중상부(大中祥符) 연간(1008 ~1016)에 고승 준식(遵式)이 하천축사의 경내에 비석으로 새겨두었다. 그러나 지금은 이것도 전하지 않는다.

초계(苕溪)에서 육우는 배를 타고 거슬러 올라가 저산(杼 山)의 묘희사(妙喜寺)에 가서 석교연과 도표(道標) 선사를 만나 시를 읊었다.

그의 『저산기』는 이 무렵에 지은 것이라고 안진경은 말했다.

숙종(肅宗)의 상원(上元) 2년(761년)경에 육우는 태자문학 (太子文學)과 태상시(太常寺)의 태축(太祝 : 정9품)으로 임 명되었으나 부임하지 않았다.

### 관리로 천거되다

당시 육우가 조정의 관리로 천거된 배후에는 당(唐)나라 태 조(太祖)의 후손인 이제물과 예부랑중(禮部郎中)에서 경릉사 마(竟陵司馬)로 좌천된 최국보 등의 명사들 때문이었다.

『훼다론』은 대종의 광덕(廣德) 2년(764년)에 어사대부인 이계경(李季卿)이 강회(江淮)의 선위사로 왔을 때 육우가 천거되어 차를 달여 권하였는데 이계경은 당시의 흔한 차박사 처럼 여기고 노자(奴子 : 종)로 하여금 돈 30문을 주게 하였 다. 이런 수모를 당하고 분개하여 지은 것이라고 「봉씨견문기 (封氏見聞記)」에 기록하고 있다.

또 같은해 육우는 황보염의 권유로 강남으로 떠나 머나먼 월(越)지방으로 가 월의 태수인 포방(鮑防)을 만나게 되었고 포방의 소개로 운문사(雲門寺)의 영일(靈一)선사와 일사(逸士)인 주방(朱放)과 교유하면서 약야계(若耶溪)나 경호(鏡湖) 등지에서 시를 짓고 풍류도 즐겼다.

### 고저산의 자순차가 제일이라고 하다

월주에서 주방과 토론을 벌인 육우는 고저산의 자순차가 제일이라는 것을 인정하게 되었다. 또 이 무렵 육우는 회계(會稽)의 동곽(東廓)에 숨어 지내면서 장지화(張志和)와 교유하며 지냈다.

당(唐)나라 숙종황제의 총애를 받고 이름까지 하사받은 장지화는 은퇴한 뒤로는 미끼없는 낚시를 드리우며 '연파조도(煙波釣徒)'라고 스스로 호하였다.

어느날 육우가 장지화에게

"어떤 사람과 왕래합니까."

라고 물었더니 장지화가

"태허(太虛 : 우주)를 나의 집으로 삼아 살며 밤에는 달을 보고 달로 등불을 삼아 그것으로 밤을 비치고 온 세상의 제공(諸公)들과 함께 하여 아직 한번도 이별해 본 적이 없었으니 무슨 별도의 왕래가 있겠소"

라고 대답하였다고 안진경의 장지화비석에 쓰여있다.

육우는 대종의 광덕 2년(764)에 강서상요(江西上饒)의 다산(茶山)에서 살면서 동강자(東岡子) 또는 동원선생(東園先生)이라고 자칭하였다.

월계수(越溪水)를 품제(品題)하고 차부뚜막을 여간현(餘干縣)의 관산(冠山)에 만들기도 하였다.

　당시 육우의 명성은 당나라 황실에까지 알려져 대종황제의
대력(大歷) 3년(768년)에는 대종황제가 육우로 하여금 차를
달이도록 하여 적공(積公)에게 하사하였다.

## 황실에 차를 바치도록 하다

　대종의 대력 5년(770년)에는 양선산 기슭의 남악사(南嶽
寺)에 있던 스님이 상주자사(常州刺史)인 이서균(李栖筠)에
게 좋은 차를 바쳤다. 손님의 한 사람으로 이 차를 맛본 육우
는 "그윽한 향기와 몹시 단맛은 다른 고장에 비하여 으뜸 가
니 가히 황제께 올릴 만합니다."
　라고 품평했다.
　이로 인하여 이서균이 비로소 양선차(陽羨茶) 만냥을 황실
에 진상하게 되었다고 『초계어은총화(苕溪漁隱叢話)』에 기록
되어 있다.
　또 같은해 이서균은 육우의 권고 대로 장공동(張公洞) 근처
에 있는 도교(道敎)의 동영관(洞靈觀)에 다사(茶舍)를 개설
하고 해마다 1만8천근의 양선차를 공양케 하였다.
　또 육우의 다도와 깊은 관련이 있는 인물은 서예의 대가인
안진경(顔眞卿 : 709~784)이었다. 안진경은 해서(楷書), 행
서(行書), 초서(草書)에 통달하였으며 현종(玄宗) 때 평원태
수를 지내고 안록산의 난 때 공로를 세워 뒤에 태자의 태사
(太師)가 되기도 하였다.
　안진경은 대종 대력 8년(773년) 1월에 호주자사로 부임하여
문사(文士)와 학자들을 모아 『운해경원(韻海鏡源)』360권을
편찬하였는데 이때는 육우도 석교연과 함께 참여하였다.

안진경은 『다경』만 완성해 놓고 다실(茶室)을 마련하지 못하자 육우를 위해 대력 8년 묘희사의 동남쪽에 삼계정(三癸亭)이라는 다정을 지어 기증하기도 하였다.

## 삼계정을 기증받다

삼계정이란 계축(癸丑)년 겨울 10월 계묘삭(癸卯朔)에 시공하여 21일인 계해(癸亥)에 완공되었기 때문에 계자가 셋이어서 육우가 지은 이름이었다.

이듬해 8월에는 육우가 안진경을 찾아와 의탁하고 있었는데 은사(恩師)인 장지화와의 모임도 가졌다. 육우는 말년에는 소주(蘇州)지방에서 보내게 되었다.

육우는 한때 사사명(史思明)의 난을 당하여 소주 성내의 철병항(鐵瓶巷) 북쪽에 있는 영정사(永定寺)에 피신한 적도 있었다.

영정사 영대전의 현판은 당나라 희종의 건부(乾符) 연간(874~879)에 육우가 쓴 것이 하사되었다고 『소주부지(蘇州府志)』에 기록되어 있다.

소주에 머물러 있는 동안은 여류시인인 이계란(李季蘭)과 사귀었다. 시에서는 성에 대한 극단적인 표현을 서슴치 않았던 이계란은 현종황제의 천보 연간(742~755)에 황제의 부름을 받고 황제를 알현하게 되었다.

당시 궁중의 신하들은 이계란을 평하기를 "한(漢)나라 반희(班姬)와 비교하면 모자라고 남송(南宋) 때 오(吳)나라의 한난영(韓蘭英)과 비하면 남음이 있다."고 하였다.

그후에 육우는 태호에서 요양 중이던 이계란을 위해 문병을 다녀온 일도 있었다.

### ▨ 육우의 사망

당나라 덕종(德宗) 정원(貞元) 16년(800)에 육우는 사망한
것으로 전해진다.(일본의 다(茶) 연표에도 서기 800년에 사망했다
고 적고 있다)

육우의 유해는 호북성 천문현 서탑사의 동쪽 뒷편에 있는
누거(樓居)터에 상저려(桑苧廬)를 마련하여 장사를 지냈다고
『청통지(淸統志)』에 기록하고 있다.

살아 있을 때는 다선(茶仙)이라는 칭호를 받았고 죽고 난
후에는 다신(茶神)으로 추앙되었다.

육우가 죽은 뒤에도 그의 유적지에는 그를 기리는 순례자의
발길이 끊이지 않았다.

### ▨ 『다경』의 저작연대

『다경』의 저작연대는 정확한 기록 문헌이 없어 자세히는 알
수 없다. 다만 『다경』 안에 나오는 풍로 제작연대에서 추정할
수밖에 없다.

풍로에는 '성당(聖唐)이 오랑캐를 멸망시킨 이듬해에 주조
하다'라는 명문을 적는다고 하였다.

이러한 내용으로 유추해 보면 안록산의 난 때 촉(蜀)으로
몽진했던 현종황제가 장안으로 환궁한 이듬해인 숙종 건원(乾
元) 원년(758)으로 보느냐 난이 평정된 대종의 광덕 원년

(763)으로 보느냐에 따라 풍로의 제작연대도 달라진다.(일본인들은 숙종 상원 원년(760)으로 보았다.)

그러나 육우의 저서 목록으로서 『다경 3권(茶經三卷)』이라고 적혀있는 『육문학자전(陸文學自傳)』은 숙종의 상원(上元) 2년(761년)에 완성된 것이다.(일본인들은 풍로 제작은 대종 광덕 2년(764년)으로 보았다.)

『다경』이 다시 빛을 보게 된 것은 북송(北宋)의 비서성정자를 지낸 진사도(陳師道 : 1053~1101년)에 의한 것이다. 그가 1060년경 『다경』의 경전을 취합하고 서문을 지어 재간행한 것이 오늘날의 『다경』으로 전해지게 되었다고 한다.

# 부 록

제1부 끽다양생기(喫茶養生記) 상·하
제2부 차와 건강 — 녹차, 커피

# 제1부 끽다양생기(喫茶養生記) 상·하권(上·下卷)

입당율사(入唐律師)
영서(榮西)
기록(記錄)하다.

# 『끽다양생기(喫茶養生記)』란 어떤 책인가?

『끽다양생기(喫茶養生記)』를 쓴 영서선사(榮西禪師 : 1141 ~1215)는 일본 임제종(臨濟宗)의 개조(開祖)로 천광국사(千光國師)라고도 한다.

11세에 정심(靜心)에게 사사(師事)하고, 14세에 낙발(落髮)하였다. 선사(禪師)가 큰 자취를 남긴 것은 두 차례에 걸친 중국(中國)에의 도항(渡航)이다.

처음은 20세 때 4월에 도항하여 사명산(四明山)·천태산(天台山) 등지를 순회하고, 그해 9월에 귀국하였다. 그러나 임제종을 연 것은, 두번째 송국(宋國)에의 도항에서였는데 선사 47세 때로부터 5년 가까운 체재시기였다.

선사에게는 『홍선호국론(興禪護國論)』과 『출가대강(出家大綱)』 등의 저서가 있으나 『끽다양생기(喫茶養生記)』는 일본에 있어 독립된 다서(茶書)로서는 최초의 것으로, 다종(茶種)을 들여온 공적과 함께 선사를 다조(茶祖)로 우러르게 하는 이유도 또한 이 저서에 있다.

그러나 이 책이 저술된 것은 그의 만년(晩年) 때로 처음은 그의 71세 때이고, 두번째로 쓰인 것은 74세 때였다.

이 책은 상하(上下) 2권(卷)으로 나뉘어져 있으나 서명(書名)을 양생기(養生記)라고 하였듯이, 끽다(喫茶)의 작법(作法)이나 일반적인 마음가짐을 쓴 것이 아니고, 선약(仙藥)으로서의 차(茶)의 의학적(醫學的) 효능을 쓴 것이다.

그 하권(下卷)에는 「끽다법」에 대한 말도 있기는 하지만 오히려 선약(仙藥)으로서의 상(桑)의 효능과 마시는 방법이 쓰여져 있어, 이 책을 『다상경(茶桑經)』이라고 하는 것이 좋을 정도다.

실제로 지난날에 일본에서는 그렇게 부르기도 하였다.

그는 인체의 오부(五部)의 가지(加持)에 의한 내적(內的)인 치료법과 오미(五味)의 섭취에서 오는 외적(外的)인 치료법을 겸하여 결합시켜서 안과 밖의 양면으로부터 시작하는 신체의 보전법을 설명하였다.

이것은 불교인으로서 다도에 심취하여 나타난 결과라고도 보겠다.

# 제1장 서문(序文)

끽다양생기 권상(卷上) 서(序)

차(茶)라고 하는 것은, 말대(末代 : 후세)에 있어서의 양생(養生)의 선약(仙藥)이요, 사람의 수명을 연장시키는 교묘한 수단이다. 산의 골짜기에서 다림(茶林)이 무성하게 자라는 곳은 신비하고도 신령스러운 땅이요, 사람이 차를 채취하여 마시면 그 사람들의 생명은 연장된다.

천축(天竺 : 인도)이나 당(唐 : 중국)나라에서는 예로부터 차를 귀중하게 여겼다. 우리 일본(日本)에서도 옛부터 차를 즐기고 사랑해 왔다.

옛날부터 오늘에 이르기까지 우리나라나 타국에서 함께 이 차를 숭상하여 왔다. 이제와서 버릴 수 있겠는가. 더구나 차가 말세(末世 : 후세)에 있어서의 생명을 기르는 양약(良藥)이라고 한다면 더더욱 충분히 그 사정을 짐작하지 않을 수 없다.

생각건대 태초(太初)에는 사람의 신체를 구성하는 4가지 요소인 지(地)·수(水)·화(火)·풍(風)의 사대(四大)가 견고하여 천상(天上)의 여러 신들과 신체의 강건함이 같았다.

그러나 후세의 사람들은 골격과 육체가 겁많고 나약하여 썩은 나무와 같이 되버렸다.

침(鍼)이나 뜸으로 치료하지만 아플 뿐이고, 탕약(湯藥)으로 다스려도 또한 전혀 효험이 없는 것 같다.

따라서 그러한 치료법을 즐겨 찾는 이는 점차로 쇠약해져 마침내 썩어서 부서지고 만다. 두려워하지 않을 수 있겠는가.

삼가 생각건대 하늘이 만물(萬物)을 창조함에 있어 사람 만드는 일을 가장 소중하게 다루었다.

그러므로 사람이 한 평생 보전해야 할 것은 목숨 지키는 것이 가장 현명하다.

그 한평생을 보전하는 데에 가장 요긴한 근원은 양생(養生)하는 데에 있다.

그 양생의 비결(祕訣)을 보이는 것은 간장(肝臟)·폐장(肺藏)·심장(心藏)·비장(脾藏)·신장(腎藏)의 다섯 장기(藏器)를 건강하게 유지하는 일이다.

다섯 장기 중에서는 심장이 가장 소중하다고 말할 수 있을 것이다.

심장을 건강하게 하는 방법은 차(茶)를 마시는 것이 가장 좋은 방법이다.

이 심장을 잊는 일이 있으면 오장(五藏)은 활력(活力)을 잃어 힘이 없어진다.

다섯 장기를 잊음에 이르러서는 몸체의 생명도 위험하게 될 것인저.

진실로 인도의 명의(名醫)였던 기파(耆婆)가 죽은 지 2천여년이 지났으니 후세에 있어서는 그 의술의 비결을 누구에게 물어야 할 것인가.

중국(中國)의 신농(神農)임금이 죽은 지 3천여년이 지났으
니 지금에 와서는 약미(藥味)를 어떤 방법에 의해 알아낼 것
인가.

이와 같은 실정이므로 병상(病相)을 물을 사람도 없는 상태
에서 사람들은 헛되이 병에 걸리고, 그리고 죽어간다.

치료법을 구해도 잘못된 것이 있고, 무익(無益)한 뜸질에
의해 신체를 망가뜨릴 뿐이다.

어렴풋이 들은 바에 의하면 현재의 의술에 의하여 약을 마시
고 도리어 기분이 나빠진다고 하는 것은 그 병에 그 약이 맞지
않기 때문이다. 그리고 뜸을 뜨고 나서 도리어 요절(夭逝)한
다는 것은 맥(脈)을 그 뜸이 지나치게 자극하기 때문이다.

여기서 대국(大國)인 중국의 치료법을 살펴 현재의 치료방
법을 보이는 데에 지나는 것은 없다.

그런 뜻에서 이문(二門)을 세워 후세에 있어서의 병상(病
相)을 보이고, 후세(後世) 사람들에게 전하여 모든 사람들에
게 쓸모있는 것을 세우고자 한다.

승원(承元) 5년 신미(辛未)의 해, 봄 정월 1일에 삼가 서문
(序文)을 쓰다.

제1 오장화합문(五藏和合門)
제2 견제귀매문(遣除鬼魅門)


〈喫茶養生記 卷上 序〉

入唐律師[1] 榮西錄

茶也 末代養生之仙藥[2] 人倫延齡之妙術也 山谷生之 其地神
靈也 人倫採之 其人長命也 天竺[3] 唐土同貴重之 我朝日本 昔嗜

愛<sup>4)</sup>之 從昔以來 自國他國 俱尚之 今更可捐乎 況末世養生之良
藥也 不可不斟酌矣 謂劫初<sup>5)</sup>時 人四大<sup>6)</sup>堅固 與諸天<sup>7)</sup>身同 末世
時人 骨肉怯弱 如朽木矣 針灸竝痛 湯治<sup>8)</sup>亦不應乎 若好其治方
者 漸弱漸竭 不可不怕者歟

伏惟 天造萬像 以造人爲貴也 人保一期<sup>9)</sup> 以守命爲賢也 其保
一期之根源 在養生 其示養生之術計 可安五藏<sup>10)</sup> 五藏中 心藏爲
王乎 心藏建立之方 喫茶是妙術也 厥忘心藏 則五藏無力也 忘
五藏 則身命有危乎 寔印土耆婆<sup>11)</sup>往而隔二千餘年 末世之血脈<sup>12)</sup>
誰問乎 漢家神農<sup>13)</sup>隱而送三千餘歲 近代之藥味詎理乎 然則無
人于詢病相 徒患徒死也 有愧于請治方 空灸空損也 偸聞<sup>14)</sup> 今世
之醫術 則含藥而損心地 病與藥乖故也 帶灸而夭身命 脈與灸戰
故也 不如訪大國之風 示近代治方乎 仍立二門 示末世病相 留
贈後昆 共利群生矣

于時承元五年<sup>15)</sup>辛未歲 春正月一日謹敍

第一 五藏和合門

第二 遣除鬼魅門

1) 律師(율사) : 승관(僧官)의 한 가지.

2) 仙藥(선약) : 불로장생(不老長生)을 얻을 수 있다고 하는 선인(仙人)
   의 약(藥).

3) 天竺(천축) : 인도(印度)의 고칭(古稱).

4) 嗜愛(기애) : 좋아하다.

5) 劫初(겁초) : 태초(太初).

6) 四大(사대) : 불교 용어로 사람이나 우주를 구성하는 4가지 요소(要
   素). 곧 지(地)·수(水)·화(火)·풍(風). 지는 살과 뼈, 수는 피, 화
   는 체온(體溫), 풍은 활력(活力)에 해당한다.

7) 諸天(제천) : 천상(天上)의 신(神)들.

8) 湯治(탕치) : 탕약(湯藥)에 의한 치료.

9) 一期(일기) : 불교 용어로 한평생이라는 뜻이다.

10) 五藏(오장) : 간(肝)·폐(肺)·심(心)·비(脾)·신(腎)의 다섯 장기 (藏器).

11) 耆婆(기파) : 인도 사람으로 석가 당시에 있었다고 하는 명의(名醫). 석가의 병을 치료한 일이 있었다고 한다.

12) 血脈(혈맥) : 불교 용어로 전법(傳法) 상승(相承)함에 있어, 신체의 혈맥이 이어져서 끊이는 일이 없는 것에 비유된다. 여기서는 질병 치료법의 상전(相傳)을 말하고 있다.

13) 漢家神農(한가신농) : 한가는 중국을 말한다. 신농은 신농씨로 중국 전설시대의 제왕(帝王)이며 삼황(三皇) 중의 한 사람. 소의 머리에 사람의 몸으로 많은 풀을 맛보아 제약(製藥)의 방법을 시작했다고 한다.

14) 偸聞(투문) : 여기서는 '어렴풋이' '넌지시'로 풀이된다.

15) 承元五年(승원오년) : 서기 1211년의 해.

# 제2장 오장(五藏)의 화합(和合)

## 가. 오장을 오행(五行)에도 맞춘다

첫번째로 오장화합문(五藏和合門)이라고 하는 것은 존승다라니파 지옥의궤비초(尊勝陀羅尼破 地獄儀軌祕鈔)에 다음과 같이 말하고 있다.

"첫째 간장(肝藏)은 신맛을 좋아한다. 둘째 폐장(肺藏)은 매운맛을 좋아한다. 셋째 심장(心藏)은 쓴맛을 좋아한다. 넷째 비장(脾藏)은 단맛을 좋아한다. 다섯째 신장(腎藏)은 짠맛을 좋아한다."

그리고 오장을 오행(五行)인 목(木)·화(火)·토(土)·금(金)·수(水)에 가져다 맞추기도 하고, 그리고 또 동(東)·남(南)·서(西)·북(北)·중앙(中央)인 오방(五方)에 가져다 맞추기도 하고 있다.

간(肝)은 동(東)쪽이요, 봄이요, 나무요, 청(靑)색이요, 혼(魂)이요, 눈이다.

폐(肺)는 서(西)쪽이요, 가을이요, 금(金)이요, 백(白)색이요, 백(魄)이요, 코이다.

심(心)은 남(南)쪽이요, 여름이요, 불이요, 적(赤)색이요,

신(神)이요, 혀이다.

비(脾)는 중앙이요, 네 계절의 끝이요, 흙이요, 황(黃)색이요, 지(志)요, 입이다.

신(腎)은 북(北)쪽이요, 겨울이요, 물이요, 흑(黑)색이요, 상(想)이요, 골수(骨髓)요, 귀이다.

◎ 중국(中國)의 오행 배당표(五行配當表)

| 配當<br>五行 | 時 | 日 | 方 | 色 | 音 | 常 | 數 | 味 | 蟲 | 臟 | 情 |
|---|---|---|---|---|---|---|---|---|---|---|---|
| 木 | 春 | 甲乙 | 東 | 靑(蒼) | 角 | 仁 | 八 | 酸 | 麟 | 肝 | 喜 |
| 火 | 夏 | 丙丁 | 南 | 赤(朱) | 徵 | 禮 | 七 | 苦 | 羽 | 心 | 樂 |
| 土 | 土用 | 戊己 | 中央 | 黃 | 宮 | 信 | 五 | 甘 | 倮 | 脾 | 慾 |
| 金 | 秋 | 庚辛 | 西 | 白 | 商 | 義 | 九 | 辛 | 毛 | 肺 | 怒 |
| 水 | 冬 | 壬癸 | 北 | 黑(玄) | 羽 | 智 | 六 | 鹹 | 介 | 腎 | 哀 |

第一五藏和合門者 尊勝陀羅尼破地獄儀軌祕鈔[1]云 一肝藏好酸味 二肺藏 好辛味 三心藏好苦味 四脾藏好甘味 五腎藏好鹹味 又以五藏 宛五行[2] 又宛五方[3]

肝 東也 春也 木也 靑也 魂也 眼也

肺 西也 秋也 金也 白也 魄也 鼻也

心 南也 夏也 火也 赤也 神也 舌也

脾 中也 四季終也 土也 黃也 志也 口也

腎 北也 冬也 水也 黑也 想也 骨髓也 耳也

1) 尊勝陀羅尼破地獄儀軌祕鈔(존승다라니파지옥의궤비초): 중천축(中天竺)의 밀교승(密敎僧)인 선무외(善無畏)가 8세기 초기(初期)에 번역한 것이나 지금은 전하지 않고 유사본(類似本)이 있다. 인도의 공

(空)·풍(風)·화(火)·수(水)·지(地)의 5대 사상과 중국의 오행
(五行)사상을 관련시킨 내용인 만큼, 순전히 인도사상이 아니고 선무외
가 번역하면서 오행사상을 가미한 것이 아닌가 생각된다.

2) 五行(오행) : 만물을 생성하는 5가지 원소로서의 목(木)·화(火)·토
(土)·금(金)·수(水)를 말한다. 오재(五材)라고도 한다.

3) 五方(오방) : 동(東)·서(西)·남(南)·북(北)·중(中)의 다섯 방향.

## 나. 심신이 상쾌할 때는 병이 있어도 아프지 않다

이 오장(五藏)은 그 좋아하여 받아들이는 맛이 모두 다르다.

어느 하나의 장기(藏器)가 좋아하는 맛을 더 많이 먹으면
그 장기만 강해지고, 곁에 있는 장기보다 앞서서 서로가 병을
일으키는 결과가 된다.

매운맛과 신맛과 단맛과 짠맛의 4가지 맛은 언제나 있는 것
이어서 그것을 먹게 되지만, 쓴맛이 나는 것은 언제나 있는 것
이 아니어서 그것을 먹지 않는다.

그런 까닭에 네 장기는 항상 강하지만 심장(心藏)은 항상
약하다. 그러므로 언제나 병이 되는 것이다.

만약 심장에 병이 생기면 모든 맛이 조화(調和)를 잃고, 먹
으면 토(吐)하고 자칫하면 아무것도 먹을 수 없게 된다.

이제 차(茶)를 사용하는 것은, 심장을 다스려 병이 없게 하
기 위해서다.

심장에 병이 생겼을 때에는 사람의 살갗이나 안색이 나빠지
고, 목숨도 이로 말미암아 짧아진다고 하는 것이다.

일본에서도 그렇고 외국에서도 그렇고, 요리의 조미(調味)

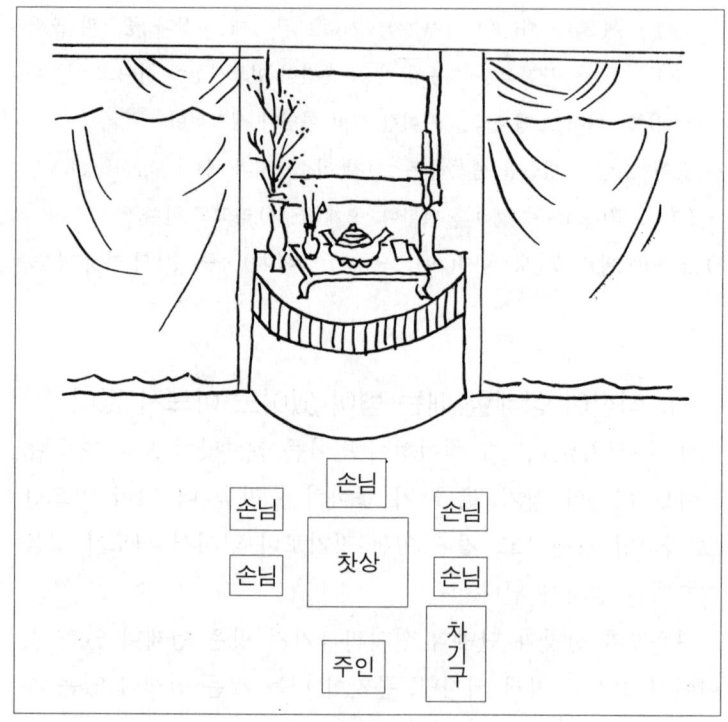

일본식 차 마실 때의 좌석배치도

가 같아서 어디서나 쓴맛이 결여되고 있는 것이 아닌가.

다만 중국에서는 쓴맛이 나는 차를 마시는데, 일본에서는 차를 마시지 않는다.

그래서 중국 사람은 심장에 병이 드는 일도 없고, 또 오래 살며 오랫동안 병들거나 마르고 수척해지지 않는 것인가.

일본 사람은 심장에 병이 있어 오랫동안 병들거나 마르고 수척해지는 일이 많은 것인가.

결국 차를 마시지 않아서 그런 일이 생기는 것이다.

만약 사람의 오장이 조화롭지 못하고 마음이 상쾌하지 않을 때는 반드시 차를 마셔라. 심장을 고르게 하고 만병을 제거할 수 있을 것이다.

심장이 건강할 때는 다른 장기에 비록 병이 있더라도 더 나빠져 크게 아픈 일은 없을 것이다.

此五藏受味不同 一藏好味多入 則其藏强 剋傍藏 互生病 其辛酸甘醎之四味 恒有之 食之 苦味恒無 故不食之 是故四藏恒强 心藏恒弱 故恒生病 若心藏病時 一切味皆違 食則吐之 動¹⁾不食 萬物 今用茶 則治心藏 爲令無病也 可知心藏有病時 人皮肉色惡 運命依此減也 自國他國調荣味同之 皆以缺苦味乎 但大國²⁾喫茶 我國³⁾不喫茶 大國人心藏無病 亦長命 不得長病羸瘦⁴⁾乎 我國人心藏有病 多長病羸瘦乎 是不喫茶之所致也 若人五藏不調 心神不快之時 必喫茶 調心藏 除萬病矣 心藏快之時 諸藏雖有病 不强痛也

1) 動(동) : 자칫하면, 까딱하면.
2) 大國(대국) : 중국(中國)을 가리킨다.
3) 我國(아국) : 여기서는 일본(日本)을 뜻한다.
4) 羸瘦(이수) : 파리하다. 수척하다. 오래도록 말라서 가늘어지다.

## 다. 오장의 병을 다스리는 비결

또 오장만다라의궤초(五藏曼茶羅儀軌鈔)에는 비밀진언(祕密眞言)에 의해 병(病)을 다스리는 방법이 설명되어 있다.

간장(肝藏)은 동방(東方)의 아육불(阿閦佛)에 해당하며,

또 약사불(藥師佛)에 해당한다. 금강부(金剛部)로서 곧 독고
(獨古)의 인상(印相)을 맺어 아자(阿字 : ꙮ)의 진언(眞言)을
외워서 기도(祈禱)하면 간장은 오래도록 병에 걸리지 않는다.

심장(心藏)은 남방(南方)의 보생불(寶生佛)에 해당하며,
또 허공장(虛空藏)에 해당한다. 곧 보부(寶部)로서 보형(寶
形)의 인상(印相)을 맺어 달라자(怛羅字 : ꙮ)의 진언을 외워
서 기도하면 심장은 병이 없게 된다.

폐장(肺藏)은 서방(西方)의 무량수불(無量壽佛)에 해당
하며, 관음(觀音)에 해당한다. 곧 연화부(蓮華部)로서 팔엽
(八葉)의 인상(印相)을 맺어 걸리자(乞里字 : ꙮ)의 진언을
외워서 기도하면 폐장은 병이 없게 된다.

신장(腎藏)은 북방(北方)의 석가모니불(釋迦牟尼佛)에
해당하며, 미륵(彌勒)에 해당한다. 곧 갈마부(羯摩部)로서
갈마(羯摩)의 인상(印相)을 맺어 악자(惡字 : ꙮ)의 진언을
외워서 기도하면 신장은 병이 없게 된다.

비장(脾藏)은 중앙(中央)의 대일여래(大日如來)에 해당
하며 반야보살(般若菩薩)에 해당한다. 곧 불부(佛部)로서 오
고(五古)의 인상(印相)을 맺어, 반자(鑁字 : ꙮ)의 진언을 외
워서 기도하면 비장은 병이 없게 된다.


又五藏曼茶羅儀軌鈔[1]以 祕密眞言[2]治之

肝 東方阿閦佛也 又藥師佛也 金剛部也 卽結獨古印相[3] 誦ꙮ
字眞言[4]加持[5] 肝藏永無病也

心 南方寶生佛也 虛空藏也 卽寶部也 卽結寶形印 誦ꙮ(怛羅
字)字眞言加持 心藏則無病也

肺 西方無量壽佛也 觀音也 卽蓮華部也 結八葉印 誦◌(乞里
字)字眞言加持 肺藏則無病也

腎 北方釋迦牟尼佛也 彌勒也 卽羯摩部也 結羯摩印 誦◌(惡
字)字眞言加持 腎藏無病也

脾 中央大日如來也 般若菩薩也 佛部也 結五古印 誦◌(鑁字)
字眞言加持 脾藏無病也

1) 五藏曼茶羅儀軌鈔(오장만다라의궤초) : 현재 전하지 않는다. 만다라
   (曼茶羅)라는 것은 밀교(密敎)에 있어서 부처의 자내증(自內證)의 경
   지를 이르고, 또 그것을 그림으로 그린 것을 이른다. 금강계(金剛界)와
   태장계(胎藏界)의 두 만다라(曼茶羅)가 있다.

2) 祕密眞言(비밀진언) : 진언(眞言)은 만다라(曼茶羅)를 말한다. 불·보
   살(佛菩薩)의 본서(本誓)를 보이는 비밀어(祕密語)이므로 비밀진언
   (祕密眞言)이라고 한다.

3) 印相(인상) : 두 손으로 여러 가지 모양의 상(相)을 맺는 것으로 이것
   에 의하여 곧바로 불계(佛界)에 들 수 있다고 한다. 손모양을 맺는 것
   은 몸의 조화를 이루어 여래의 신밀(身密)에 나아감이다.

4) ◌字眞言(아자진언) : 오장(五藏)에 배당(配當)한 진언(眞言)은 다음
   도표(圖表)와 같이 서로 다름이 있다.

| 群書類聚本 | 建仁寺本 | 史料編纂所本<br>(永仁寫本) | 善福寺本 | 五大 |
|---|---|---|---|---|
| 同右 | ◌(怛羅) | 同右 | ◌(阿) | 地(肝) |
| ◌(乞里) | ◌(吽) | 同右 | ◌(怛羅) | 火(心) |
| ◌(吽) | 同右 | 同右 | ◌(乞里) | 水(肺) |
| 同右 | 同右 | 同右 | ◌(惡) | 風(腎) |
| 同右 | 同右 | 同右 | ◌(鑁) | 空(脾) |

5) 加持(가지) : 기도(祈禱)라는 뜻이다. 기도는 불력(佛力)을 신자(信者)에게 주어, 그것을 수지(受持)하게 하는 것이므로 가지(加持)라고 한다.


## 라. 심적(心的)인 치료법이란

이 오부(五部)의 가지기도(加持祈禱)에 의한 것은 내적(內的) 곧 심적(心的)인 치료방법이라고 할 수 있는 것이요, 오미(五味)에 의한 양생법(養生法)은 외적(外的) 곧 물적(物的)인 치료방법이라고 할 수 있는 것이다.

이 내적 외적 치료방법이 서로 도울 때 비로소 신명(身命)은 건강하게 보전(保全)될 수 있는 것이다.

그 오미(五味)라고 하는 것은 다음과 같은 것이다.

신맛이란 것은, 감자(柑子), 귤(橘), 유(柚), 초(酢) 등이다.

매운맛이란 것은, 생강(薑), 호초(胡椒), 고량강(高良薑) 등이다.

단맛이란 것은, 사탕(砂糖) 등이다.

쓴맛이란 것은, 차(茶), 청목향(靑木香) 등이다.

짠맛이란 것은 염(鹽 : 소금) 등이다.

심장(心藏)은 오장(五藏)의 군자(君子)라 할 수 있다.

차(茶)는 맛 중에서 가장 높은 위치를 차지하는 것이다. 곧 쓴맛이 여러 가지 맛 가운데에서 가장 높은 위치를 차지하는 것이 된다.

그런 까닭에 심장은 이 쓴맛을 좋아하는 것이다.

이 차의 쓴맛으로써 심장을 건강하게 하면, 그밖의 네 장기

(藏器)도 안전하게 보전할 수 있는 것이다.

此五部加持 則內[1]之治術也 五味養生 則外[2]療治也 內外相資
保身命也 其五味[3]者 酸味者 是柑子 橘 柚 酢等也 辛味者 是薑
胡椒 高良薑等也 甘味者 是砂糖等也 苦味者 是茶 靑木香等也
醎味者 是鹽等也

心藏是五藏之君子也 茶是味之上首[4]也

苦味是諸味上首也 因玆心藏愛此味 以此味建立此藏 安諸藏也

1) 內(내) : 내적(內的). 곧 심적(心的).

2) 外(외) : 외적(外的). 곧 물적(物的).

3) 五味(오미) : 신맛인 산미(酸味), 매운맛인 신미(辛味), 단맛인 감미
   (甘味), 쓴맛인 고미(苦味), 짠맛인 함미(醎味)의 다섯 가지 맛.

4) 上首(상수) : 최상위(最上位).


## 마. 눈병에 걸렸을 때는

만약 사람이 눈병에 걸렸을 때는, 간장(肝藏)이 손상된 것
으로 생각하여 신것의 성질을 가진 약으로 치료하면 된다.

귀에 병이 있을 때는, 신장(腎藏)이 손상된 것이라고 생각
하여 짠맛의 성질을 가진 약으로 치료하면 된다.

코에 병이 있을 때는, 폐장(肺藏)이 손상된 것이라고 생각
하여 매운맛의 성질을 가진 약으로 치료하면 된다.

혀에 병이 있을 때는, 심장(心藏)이 손상된 것이라고 생각
하여 쓴맛의 성질을 가진 약으로 치료하면 된다.

입에 병이 있을 때는, 비장(脾藏)이 손상된 것이라고 생각

하여 단맛의 성질을 가진 약으로 치료하면 된다.

만약 전신(全身)이 허약하고 마음이 가라앉을 때는, 또한
심장이 손상된 것이라고 생각하여 자주 차(茶)를 마시면 심신
(心身)의 힘이 아울러 왕성해지기 마련이다.

若人眼有病 可知肝藏損也 以酸性藥可治之 耳有病 可知腎藏
損也 以醎性藥可治之 鼻有病 可知肺藏損也 以辛性藥可治之
舌有病 可知心藏損也 以苦性藥可治之 口有病 可知脾藏損也
以甘性藥可治之 若身弱意消者 可知亦心藏之損也 頻喫 茶 則
力强盛也

# 제3장 차의 효능과 제조의 시기

## 가. 차의 명칭

그 차의 공능(功能 : 효능)과 아울러 채취하고 제조하는 시절을 아래에 게재한다. 그 방법은 6개조(六箇條)가 있다.

첫째는 명자(名字 : 이름과 자)를 밝히는 장(章)이다.

『이아(爾雅)』에 이르기를 "가(檟)는 고다(苦茶)다. 일명 (一名) 방(荈)이라 하고, 일명(一名) 명(茗)이라고 한다. 일찍 채취하는 것을 다(茶)라 이르고, 늦게 채취하는 것을 명 (茗)이라 이른다. 서촉(西蜀) 사람들은 이름하여 고다(苦茶)라고 한다."라고 하였다.〔서촉이란 나라의 이름이다.〕

또 성도부(成都府)라고 이른다. 당도(唐都)의 서쪽 5천리 (五千里)되는 곳에 이곳이 있다.

이곳의 일체의 물건은 아주 좋다. 차도 반드시 아주 좋다.

『광주기(廣州記)』에 이르기를 "고로(皐盧)는 차[茶]다. 일명 명(茗)이라고 한다."라고 하였다.

광주(廣州)는 송(宋)나라에서 남쪽으로 5천리 되는 곳에 있다.

곤륜국(崑崙國)과 인도(印度)와도 가깝다.

그런 까닭에 인도에서 귀하게 여겨지는 것은 광주에서도 생산되게 되었다. 여기 농산물은 품질이 좋아 차(茶) 또한 좋은 품질의 것이다.

이 지방의 기후는 온난(溫煖)하여 눈도 서리도 내리지 않고 겨울에 솜옷을 입는 일도 없다. 그러므로 차의 맛도 좋은 것이다. 그래서 차에다가 아름다운 이름을 붙여서 고로(皐盧)라고 하는 것이다.

그리고 이 지방은 열병(熱病)이 일어나기 쉬운 지방이다. 그래서 북쪽지방에서 오는 사람은 10명 중 9명은 이 병에 걸려서 위험하게 된다.

모든 것이 맛이 좋아 사람이 지나치게 먹기 때문에 일어나는 것이다.

그래서 식사 전에 빈랑(檳榔)의 열매를 먹는데 손님에게는 강제적으로 많이 먹게 한다.

식후에는 차를 마시는데 손님이 오면 손님에게는 무리하게

일본의 옛 찻상 모습

많은 차를 마시도록 한다. 지나치게 먹어서 몸과 마음을 상하지 않게 하기 위해서다.

그런 까닭에 빈랑의 열매와 차를 퍽 귀중한 것으로 여긴다.

『남월지(南越志)』에는 "과라(過羅)란 차[茶]를 말하는 것이다. 일명 명(茗)이라고도 한다."라고 하였다.

육우(陸羽)의 『다경(茶經)』에는 "차에는 다섯 가지의 명칭이 있다. 첫째는 다(茶)라 하고, 둘째는 가(檟)라 하고, 셋째는 설(蔎)이라 하고, 넷째는 명(茗)이라 하고, 다섯째는 천(荈)이라 한다."라고 하였다.〔방(荈)을 더하면 여섯이 된다.〕

위왕(魏王)의 『화목지(花木志)』에는 "명(茗)이라 한다."라고 하였다.


其茶功能幷採調時節載左 有六箇條矣

一者 明名字章

爾雅[1]曰 檟 苦茶 一名荈 一名茗 早採者云茶 晚採者云茗也 西蜀[2]人名曰苦茶〔西蜀 國之名也〕又云成都府[3] 唐都[4]西五千里有此處 此處一切物美也 茶必美也

廣州記[5]曰 皐盧 茶也 一名茗 廣州宋朝南五千里有此處 與崐崘國[6]幷天竺相近 天竺貴物生於此 依土宜[7]美 茶亦美也 此州無雪霜溫煖 冬不着綿衣 是故茶味美也 仍美名云皐盧也 此州瘴熱之地也 北方人到 十之九危 萬物味美 故人多侵 然者食前喫檳榔子[8] 客人强多喫之 食後喫茶 客人來 强多令喫 爲不令身心損壞也 仍貴重檳榔子與茶矣

南越志[9]曰 過羅 茶也 一名茗

陸羽茶經曰 茶有五種名 一名茶 二名檟 三名蔎 四名茗 五

名荈〔加荞爲之〕
魏王花木志[10]曰 茗云云

1) 爾雅(이아) : 중국 고대 자서(字書)의 일종. 작자(作者)와 제작 연대는 불명(不明)하다. 진대(晋代). 곽박(郭璞 : 276~324)의 주(註)가 있다.

2) 西蜀(서촉) : 촉(蜀)의 땅. 지금의 사천성(四川省)에 해당한다. 서쪽에 있는 촉(蜀)의 땅이라는 뜻.

3) 成都府(성도부) : 현재의 성도(成都).

4) 唐都(당도) : 중국의 도읍(都邑)이라는 뜻.

5) 廣州記(광주기) : 『태평어람(太平御覽)』에 있는 것에서 인용(引用)하였다.

6) 崐崘國(곤륜국) : 영서(榮西)가 적멸(寂滅)한 지 10년 뒤인 1225년에 이루어진 조여괄(趙汝适)의 『제반지(諸蕃志)』에는 자바의 동쪽으로 배를 타고 반 달만에 도달할 수 있는 곳이라고 하나 지금의 어느 곳인가는 여러 설(說)이 있어 정확히 말할 수가 없다.

7) 土宜(토의) : 그 토지에서 생산되는 농산물.

8) 檳榔子(빈랑자) : 빈랑(檳榔)의 열매.

9) 南越志(남월지) : 『태평어람(太平御覽)』에서 인용하였다.

10) 花木志(화목지) : 『태평어람』에서 인용하였다.


## 나. 차나무의 형태

두번째는 나무의 모양과 꽃이나 잎의 모양을 밝히는 장(章)이다.

『이아(爾雅)』의 주(註)에는 "나무는 작고 치자나무와 비슷하다."라고 하였다.

『동군록(桐君錄)』에는 "차의 꽃모양은 치자꽃과 같다. 그 빛깔은 희다."라고 하였다.

『다경(茶經)』에는 "잎은 치자의 잎과 비슷하다. 꽃이 희기는 장미와 같다."라고 하였다.

二者 明樹形花葉形章

爾雅註曰 樹小似梔子木云云

桐君錄[1]曰 茶花狀如梔子花 其色白云云

茶經曰 葉似梔子葉 花白如薔薇也云云

1) 桐君錄(동군록) : 『태평어람(太平御覽)』에서 인용하였다. 이것은 『수서경적지(隋書經籍志)』에 있는 동군약록(桐君藥錄)인 것 같으나 현존(現存)하지 않는다.

## 다. 차의 효능

### ① 기력이 증진되는 차

세번째는 효능을 밝히는 장(章)이다.

『오흥기(吳興記)』에는 "오정현(烏程縣)의 서쪽에 온산(溫山)이 있고, 거기서 어방(御荈)이 산출된다."라고 하였다.

여기서 어(御)라고 하는 것은 공어(供御)를 뜻하는 것으로서 천자(天子)가 먹고 마시는 것은 모두 공어(供御)라고 하는 것이다.

차(茶)도 어방(御荈)이라 이르는 것이니 어찌 귀(貴)한 것이 아니겠는가.

『송록(宋錄)』에는 "이것은 감로(甘露)다. 어찌 (쓴)차(茶) 따위로 말할 수 있겠는가."라고 하였다.

『광아(廣雅)』에는 "대체로 차를 마시면 취기(醉氣)가 깨고 졸립지 않게 된다."라고 하였다.

졸림은 만병(萬病)의 근원이다. 병이 없을 때는 졸립지 않은 것이다.

『박물지(博物志)』에는 "진차(眞茶)를 마시면 졸린 기운을 적게 한다."라고 하였다.

졸림은 사람을 둔(鈍)하게 하는 근본이다.

『신농식경(神農食經)』에는 "차는 마땅히 장기간(長期間) 마시는 것이 좋다. 그러면 사람의 기분을 유쾌하게 한다."라고 하였다.

『본초(本草)』에는 "차는 달고도 쓰며 미한(微寒)하고 독(毒)이 없다. 이것을 마시면 종기(腫氣)도 생기지 않는다. 이

일본의 옛날 차기구 진열 모습

뇨(利尿)에도 좋고, 수면(睡眠)을 적게 하고, 병이나 갈증(渴
症)을 없애고, 숙식(宿食)을 없게 한다."라고 하였다.

일체의 병은 숙식에서 발병한다. 숙식이 없어지므로 병이 없
어진다.〔숙식(宿食)이란, 사흘이나 닷새 동안이라도 먹은 것이 위
(胃)에 얹혀 있는 것을 말한다.〕

화타(華佗)의 『식론(食論)』에는 "차를 오랫동안 마시면
기력(氣力)이 증진(增進)된다."라고 하였다.〔몸과 마음에 병이
없으므로 기력(氣力)이 증진되는 것 아니겠는가.〕


三者 明功能章

吳興記[1]曰 烏程縣西有溫山 出御荈[2]云云 是云供御也 君子[3]
召物[4] 皆名稱供御 貴哉茶乎

宋錄[5]曰 此甘露也 何言茶茗焉

廣雅[6]曰 其飲茶醒酒 令人不眠云云 眠 萬病之根源也 無病不
眠也

博物志[7]曰 飲眞茶 令小眠睡云云 眠者令人鈍根

神農食經[8]曰 茶茗宜久服 令人有悅志云云

本草[9]曰 茶 味甘苦 微寒[10]無毒 服卽無瘻瘡[11]也 小便利 睡小
去疾渴消宿食[12]云云 一切不予[13] 發於宿食 宿食消 故無病也
〔宿食 三日 五日食也〕

華佗[14]食論曰 茶久食 則益意志云云〔身心無病 故增意志乎〕

1) 吳興記(오흥기) : 산겸지(山謙之)의 작(作)으로 일문(佚文)만이 남아
　있다. 오흥(吳興)은 태호(太湖) 남쪽에 있던 군(郡)의 이름으로 오정
　현(烏程縣)을 비롯해 10현(十縣)을 관할하였다.

2) 御荈(어방) : 어(御)는 공어(供御)의 어(御)를 뜻한다. 천자(天子)가

먹는 것은 다 공어(供御)라고 한다.

3) 君子(군자) : 천자(天子)를 지칭한다.

4) 召物(소물) : '먹다, 마시다'의 높임말.

5) 宋錄(송록) : 남송(南宋)의 사화(史話)를 집록(集錄)한 것인 듯하나 분명하지 않다.

6) 廣雅(광아) : 위(魏)나라 장집(張揖)의 찬(撰)으로 『이아(爾雅)』에 이어지는 자서(字書)다. 이 글은 현행본(現行本)에는 없고 일문(佚文)으로 보인다.

7) 博物志(박물지) : 진(晋)나라 장화(張華)의 찬(撰)이라고 한다. 이경(異境)의 기물(奇物)이나 고대(古代)의 전문(傳聞)을 모은 것이다.

8) 神農食經(신농식경) : 어람(御覽)의 인용(引用)을 그대로 인용한 것이나 저자(著者)는 분명하지 않다.

9) 本草(본초) : 중국 고대의 생약학(生藥學) 책.

10) 微寒(미한) : 경한(輕寒), 박한(薄寒)이라고도 한다. 으스스하게 추운 것. 차(茶)에서 받는 느낌일 것이다.

11) 瘻瘡(누창) : 종기(腫氣)의 총칭(總稱).

12) 宿食(숙식) : 먹은 것이 사흘이나 닷새씩 위(胃)에 얹혀 있는 것.

13) 不予(불여) : 병(病). 몸의 기분이 좋지 않음.

14) 華佗(화타) : 후한(後漢) 말기(末期)에서 삼국시대(三國時代)에 걸치는 사람으로 외과(外科)의 명의(名醫)였다고 한다.

## ② 차를 오래 마시면 신선이 된다.

호거사(壺居士)의 『식기(食忌)』에는 "차(茶)를 오래도록 복용(服用)하면 날개가 생겨 신선(神仙)이 된다. 부추와 함께 먹으면 차의 효능은 없어지고 몸이 무거워진다."라고 하였다.

구초(韮草)는 일본에서는 나지 않지만 해류(薤類)를 말하는 것이다.

도홍경(陶弘景)의 『신록(新錄)』에는 "차를 마시면 몸이 가벼워지고 골고(骨苦)에서 벗어난다."라고 하였다.

골고(骨苦)란 각기(脚氣)를 말한다. 각기(脚氣)의 묘약(妙藥)은 차(茶)에 미치는 것이 없다.

『동군록(桐君錄)』에는 "차를 달여서 마시면 사람이 졸지 않는다."라고 하였다.

졸지 않으면 병이 없다.

두육(杜育)의 『천부(荈賦)』에는 "차는 정신을 안정(安定)시키고, 오장(五藏)을 조화(調和)하고, 신체의 피로를 제거하여 편안하게 한다."라고 하였다. 〔내(內)라고 하는 것은 오장(五藏)의 다른 이름이다. 오장의 불화(不和)를 다스리는 데에는 차가 가장 좋다. 그리고 내(內)는 오내(五內)라고도 한다.〕

장맹양(張孟陽)은 '성도루(成都樓)에 올라'라는 시(詩)에서 "향기로운 차는 마시는 것 중에서 최고의 것이

일본식 다기 진열장

다. 맛이 좋기로는 중국 전토에 퍼졌다. 차를 마시고 조금이라
도 인생이 안락해진다면, 이 땅은 즐거운 좋은 곳이다."라고
하였다.

신체가 청명(淸明)한 것을 육청(六淸)이라 한다. 구구(九
區)라고 하는 것은 중국의 구주(九州)를 이르는 것이다.〔중국
을 9등분하여 구주(九州)라 한다. 지금은 36군(郡), 368주(州)다.〕
생구(生苟)란 생채(生菜)를 쓰면 신체가 안락해지고 병이
없는 것을 이르는 말이다.

구(苟)는 채(菜)라는 뜻이다. 즐긴다는 것은 오락(娛樂)하
는 것이다.


壺居士[1]食忌曰 茶久服羽化[2] 與韭同食 令人身重云云 韭草此
方無之 薤之類也

陶弘景[3]新錄曰 喫茶 輕身 換骨苦[4]云云 脚氣卽骨苦也 脚氣妙
藥 何物如之哉

桐君錄曰 茶煎飮 令人不眠云云 不眠則無病也

杜育[5]荈賦曰 茶調神[6]和內[7] 倦懈康除[8]云云〔內者五藏異名也
治五藏不和 在茶而已 又五內云也〕

張孟陽[9]登成都樓詩曰 芳茶冠六淸[10] 溢味播九區[11] 人生苟安
樂 兹土聊可娛云云 六根淸明 云六淸也 九區者 漢地九州云也
〔漢地九分立州 今卅六郡 三百六十八州也〕生苟者 生用菜 身安樂
無病云也 苟則菜也 可娛者 娛樂也

1) 壺居士(호거사) : 이 글은 『어람(御覽)』에서 인용(引用)한 것이나
호거사(壺居士)에 대하여는 분명하지 않다.

2) 羽化(우화) : 신선(神仙)이 된다는 뜻. 신선설(神仙說)에서 이르는 날

개가 생겨서 선계(仙界)로 올라간다는 우화등선(羽化登仙)을 말하는

것이다.

3) 陶弘景(도홍경) : 중국 남조(南朝) 제양시대(齊梁時代)의 도사(道士).

4) 骨苦(골고) : 각기(脚氣).

5) 杜育(두육) : 진대(晋代)의 사람.

6) 調神(조신) : 정신(精神)을 안정(安定)시키다.

7) 和內(화내) : 오장(五藏)을 조화(調和)하다. 내(內)는 오장(五藏)이라

는 뜻이다.

8) 康除(강제) : 편안하게 제거(除去)하다.

9) 張孟陽(장맹양) : 진대(晋代)의 사람.

10) 六淸(육청) : 여섯 가지 음료(飮料). 곧 수(水)·장(漿)·예(醴)·경

(涼)·장(醬)·이(酏). 한편으로는 안(眼)·이(耳)·비(鼻)·설

(舌)·신(身)·의(意)인 육근(六根)의 청명(淸明)으로 이해하려는 설

(說)도 있다.

11) 九區(구구) : 구주(九州). 중국 전토(全土)를 아홉 주(州)로 나누었

던 것을 생각하여 중국 전토를 이르는 말이다.


③ 고로는 남해(南海)에서 자란다

『본초습유(本草拾遺)』에는 "고로(皐盧)는 쓰면서도 편안하

다. 이것을 마시면 목의 갈증이 멈추고, 역병(疫病)이 제거되

고, 졸음이 없고, 이뇨(利尿)에 잘 듣고, 눈이 밝아진다. 남해

(南海)의 여러 산 속에서 생산되는데 남인(南人)은 이것을

대단히 귀중하게 여긴다."라고 하였다.

남인(南人)이란, 광주(廣州)의 해상(海上)에 고도(孤島)가

있는데 이것을 해남(海南) 또는 광남(廣南)이라 이르고, 또

그 근처 곳곳에는 많은 해안이 있어 이것들을 총칭(總稱)하여
남(南)이라 하고, 여기에 사는 사람들을 남인(南人)이라 이르
는 것이다.

광주(廣州)는 열병(熱病)이 성한 곳이다.〔장(瘴)은 일본에서
말하는 적충(赤蟲)의 병을 말한다.〕

중국의 도읍 사람으로서 주(州)의 지사(知事)가 되어 이 땅
에 부임하는 사람은 10명 중 9명은 죽어서 북방(北方)으로 돌
아가지 못한다.

먹는 것이 맛이 너무 좋아 지나치게 먹어서 소화(消化)를
제대로 시키지 못하기 때문이다.

그래서 빈랑자(檳榔子)를 많이 먹고 차[茶]를 많이 마신다.
차를 마시지 않고 많이 먹으면 육체나 여러 장기(藏器)가 침
범되어 백 사람 중 한 사람도 살지 못할 정도이다. 추운 계절
이 없는 땅이기 때문이다.

일본은 큰 추위가 있는 땅이므로 이런 재난(災難)은 없다.

더 남쪽에 위치하는 웅야산(熊野山)에 여름에 참예(參詣)
하지 않는 것은 열병이 있는 땅이기 때문이다.

장(瘴)은 또 온병(溫病)의 다른 이름이기도 하다.

『천태산기(天台山記)』에는 "차(茶)를 오랫동안 마시고 있
으면 날개가 생긴다."라고 하였다.

이것은 몸이 가벼워져서 날아다닐 수 있게 되기 때문이다.


本草拾遺[1]曰 皐盧[2]苦平[3] 作飮 止渴 除疫 不睡 利水道[4] 明目
生南海諸山中　南人極重之云云　南人者　廣州之洋　有孤絶之島
稱曰海南　又云廣南也　又近近有多洲渚　此等皆稱曰南也　今南人

卽是等也　廣州卽瘴熱地也〔瘴　此方赤蟲病云也〕唐都[5]人知[6]州
到此地　十之九不歸北方　食物美味　食而難消　故多食檳榔子　喫
茶　不喫多食　則侵身藏　不存百之一也　無寒之地故也　日本國大
寒之地　故無此難　尙南方熊野山　夏不參詣　爲瘴熱之地故也
瘴又溫病[7]異名也

　天臺山記[8]曰　茶久服　生羽翼云云　是身輕而可飛　故云爾也

1) 本草拾遺(본초습유) : 당대(唐代) 개원연간(開元年間) 진장기(陳藏
　器)의 찬(撰)이다. 진장기는 의술(醫術)에 정통하였고, 관직은 삼원현
　위(三原縣尉)였다.

2) 皐盧(고로) : 차[茶]의 다른 이름.

3) 苦平(고평) : 차의 맛을 표현한 것으로 쌉쌀하면서도 마음이 안정되는
　것을 말하는 것 같다.

4) 水道(수도) : 요도(尿道)와 같다.

5) 唐都(당도) : 중국(中國)의 도읍(都邑).

6) 知(지) : 주(州)의 지사(知事).

7) 溫病(온병) : 열(熱)이 오르고 갈증이 심하나 오한(惡寒)은 없는 병.
　태양병(太陽病)이라고도 한다.

8) 天臺山記(천태산기) : 천태산기(天台山記). 당(唐)나라 서영부(徐靈
　府)의 저술인 동명(同名)의 서(書)가 있으나 이 글이 실려 있지 않은
　것으로 보아 별책(別冊)인 듯하다. 천태산(天台山)은 절강성(浙江省)
　에 있는데 지자대사(智者大師)가 여기서 천태종(天台宗)을 연 이래로
　불교의 성지(聖地)가 되었다.

## ④ 차를 아름답게 칭한 것은

백씨육첩(白氏六帖)의 「다부(茶部)」에는 "공어(供御)"라

고 하였다.〔백성(百姓) 하인(下人)들에게 사용되는 것이 아니므로 차(茶)를 귀중하게 여겨 이와 같이 말하고 있는 것이다.〕

백씨문집(白氏文集)의 시(詩)에는 "오다(午茶)는 능히 잠을 흩어지게 한다."라고 하였다.

오(午)란 식사 때를 말하는 것이다.

차는 식사를 마친 후에 마시는 것이므로 오다(午茶)라고 하는 것이다.

백낙천(白樂天)은 수하(首夏)의 시(詩)에서 "혹은 일구(一甌)의 명(茗)을 마신다."라고 하고 있다.

구(甌)란 찻잔을 아름답게 칭한 것이다.

입을 대는 부분이 넓고 바닥이 좁게 되어 있다. 차나 탕(湯)이 오래도록 식지 않도록 그릇의 밑바닥이 좁고 깊게 되어 있는 것이다.

작은 그릇의 이름이다.

얕은 잔은 차를 마시기에는 좋지 않다.

또 말하기를 "잠을 깨뜨리는 데서 차의 효과를 본다."라고도 하였다.

차를 마시면 밤이 새도록 잠자지 않아도 몸이 괴롭지 않다.

또 말하기를 "주갈(酒渴), 봄은 깊은 한 잔의 차(茶)"라고도 하고 있다.

술을 마시면 목이 마르고 무엇인가 마시고 싶어진다. 그럴 때에는 오직 차를 마시고 다른 끓인 물을 마셔서는 안된다. 다른 끓인 물을 마시면 이런저런 병에 걸리기 때문이다.


白氏六帖[1]茶部曰 供御[2]云云〔非百姓下人所宜 故貴重而如此云也〕

白氏文集[3]詩曰 午茶能散睡云 午者 食時也 茶 食後喫 故云午
茶也

白氏首夏詩曰 或飮一甌茗云云 甌者茶盞之美名也 口廣底狹
也 爲不令茶湯久寒 器之底狹深也 小器名也 淺盞飮茶非也

又曰 破眠見茶功云云 喫茶終夜不眠而不苦身矣

又曰 酒渴春深一盃茶云云 飮酒則喉乾引飮 其時唯可喫茶 勿
飮他湯水等 飮他湯水 生種種病故也

1) 白氏六帖(백씨육첩) : 당(唐)나라 백거이(白居易 : 白樂天)의 찬(撰).
   30권(卷). 다부(茶部)는 그 제5권에 있다.

2) 供御(공어) : 천자(天子)에게 헌상(獻上)하는 것. 차(茶)도 그 가운데
   에 들어 있다.

3) 白氏文集(백씨문집) : 백낙천(白樂天)의 시문집(詩文集). 71권. 백씨
   장경집(白氏長慶集)이라고도 한다. 이 시(詩)는 그 28권에, 다음의 것
   은 6권, 25권, 31권에 각각 나와 있다.


### 라. 차를 따는 시절

넷째는 차(茶)를 채취하는 시절을 밝히는 장(章)이다.

『다경(茶經)』에는 "대체로 차(茶)를 따는 것은 2월, 3월, 4
월의 사이이다."라고 하였다.

『송록(宋錄)』에는 "대화(大和) 7년 정월에 오(吳)와 촉
(蜀)지방에서 신다(新茶)를 공물로 바쳤다. 모두 겨울 동안에
노력해서 만든 것이었다. 그래서 조칙(詔勅)을 내리기를 '공
물로 바치는 신다는 입춘(立春) 이후에 만들도록 하라'고 하
였다."라고 쓰여 있다.

그 까닭은 겨울 동안에 만들려면 백성들이 쉬지 못하고 번거롭기 때문이다. 이로부터 이후로는 입춘 뒤에 차를 만들어 진상하게 되었다.

『당사(唐史)』에는 "정원(貞元) 9년 봄에 처음으로 차[茶]에 세(稅)를 부과하였다."라고 하였다.

차를 아름답게 불러 조춘(早春)이라 하고 아명(芽茗)이라고 하는 것은 차를 따는 시기에서 이르는 것이다.

송조(宋朝)에서는 조춘(早春)에 차를 딴다.

내리(內裏)의 후원(後園)에 다원(茶園)이 있어, 정월의 사흘 동안에 하인(下人)들을 모아서 다원에 들여보내 첫날에는 큰 소리를 지르면서 하루 온종일 왔다갔다 걸어다니게 한다. 다음 날에는 새싹이 2분(分)이나 3분쯤 싹튼 것을 은(銀)으로 만든 모발(毛拔)로 따서 차를 만든다.

이렇게 해서 만든 차는 한 숟가락의 값이 천관(千貫)이나 하는 귀중한 것이 된다.


四者 明採茶時節章

茶經曰 凡採茶在二月三月四月之間云云

宋錄[1]曰 大和七年正月 吳蜀[2]貢新茶 皆冬中作法爲之 詔曰 所貢新茶 宜於立春後造云云 意者 冬中造 則有百姓煩故也 自此以後 皆立春後造之 進之

唐史[3]曰 貞元九年春 初稅茶云云 茶美名云早春 又云牙茗[4] 此儀也 宋朝此比採茶作法 內裏後園有茶園 元三[5]之內 集下人入茶園中 言語高聲 徘徊往來終日 則次之日 茶芽一分二分萌以銀之毛拔採之 而後作茶 一匙之直及千貫矣

1) 宋錄(송록) : 이 글은 『어람(御覽)』에서 인용(引用)한 것으로 거기서
   는 당사(唐史)로 되어 있다.

2) 吳蜀(오촉) : 오(吳)는 지금의 강소(江蘇), 촉(蜀)은 지금의 사천(四
   川) 지방이다

3) 唐史(당사) : 『신구당서(新舊唐書)』의 덕종본기(德宗本記) 정원(貞
   元) 9년 조(條)에 있다.

4) 牙茗(아명) : 아명(芽茗)과 같다.

5) 元三(원삼) : 정월(正月)의 사흘 동안.


## 마. 차를 채취하는 방법

다섯째는 차의 채취 방법을 밝히는 장(章)이다.

『다경(茶經)』에는 "비가 내리면 차를 채취하지 않는다. 비
록 비가 내리지 않더라도 구름이 꼈으면 또한 채취하지 않는
다. 불에 쬐어 말리지 않고 찌지도 않는다. 충분한 효과가 없
기 때문이다."라고 하였다.


五者 明採茶樣章

茶經曰 雨下不採茶 雖不雨而有雲 亦不採 不焙 不蒸 用力弱
故也


## 바. 차를 제조하는 방법

여섯째는 차(茶)의 제조방법을 밝히는 장(章)이다.

송조(宋朝)에서의 차(茶)를 불에 쬐어서 말리는 방법을 보

면, 아침에 차를 채취하여 그것을 즉시 쪄서 즉시 불에 쬐어서
말린다.

늘보나 게으른 자로서는 도저히 할 수 없는 일이다.

쬐어 말리는 선반에 종이를 깔고 종이가 눌지 않을 정도로
불을 넣어서 잘 가늠하여 차를 말린다.

말리는 것은 느리지도 않고 빠르지도 않게 밤새도록 잠자지
않고 그날 밤 안으로 말려낸다.

말린 것은 좋은 병에 담아서 대나무잎으로 단단히 밀봉(密
封)해 두면 몇해를 지내도 나빠지지 않는다.

차를 채취하고자 할 때에는 일할 사람과 먹을 것을 갖추고
숯과 땔나무를 아주 많이 준비한 뒤에 차의 채취를 시작하는
것이 중요하다.

이상(以上), 말대(末代 : 후세)에 있어서의 양생(養生)의
법을 여러 가지로 서술하였다.

일본의 앉아서 차를 끓일 수 있는 도구들

대체로 우리 일본의 의술(醫術)에 관여하는 사람은 차[茶]를 채취하는 방법을 알지 못하므로 이것을 사용하지 않는다. 그러고는 도리어 "차는 약이 아니다."라고 하고 있다. 이것은 차의 효능을 알지 못하기 때문이다.

나 영서(榮西)가 중국(中國)에 있던 시절에 목전(目前)에서 차를 귀중하게 여기는 것을 보았다. 여러 가지 이야기가 있지만 세밀하게 인용(引用)하여 설명할 수도 없다.

그러나 예(例)컨대 제왕(帝王)은 충신이 있으면 차를 포상(褒賞)으로 내려주고 승려가 좋은 설법(說法)을 하면 차를 보시(布施)하였다.

이러한 관례는 이제나 옛날이나 변함없이 같은데 다만 변한 것이 있다면 차의 법도뿐이다.

만약 차를 마시지 않으면 여러 가지 약의 효과가 없다. 심장(心藏)이 약하기 때문이다.

말대(末代) 상중하(上中下)의 귀하고 천한 사람들은 이것을 잘 알아주기 바란다.

이제 분부를 받고 이 글을 찬술(撰述)하였다. 후인(後人)은 마음대로 이것을 첨삭(添削)해서는 안된다.

끽다양생기(喫茶養生記) 상권(上卷)

六者 明調樣章

見宋朝焙茶樣 朝採 卽蒸 卽焙之 懈倦怠慢之者 不可爲事也 焙棚敷紙 紙不燋許誘火入 工夫[1]而焙之 不緩不急 終夜不眠 夜內焙上 盛好瓶 以竹葉堅閉 則經年歲[2]而不損矣 欲採時 人夫幷食物炭薪 巨多割置 而後採之而已

右<sup>3)</sup>末世養生之法 記錄如斯 抑我國醫道之人 不知採茶法 故不用之 還譏曰 非藥云云 是則不知茶之德之所致也 榮西在唐之昔 見貴重茶如眼 有種種語 不能具註 帝王有忠臣必給茶 僧說妙法 則施茶 今昔同儀 或只在茶之法 若不喫茶者 諸藥無効 心藏弱故也 庶幾末代上中下諸人悉之 今依仰<sup>4)</sup>撰之 後不可添削矣

喫茶養生記 卷上

1) 工夫(공부) : 잘 생각하다. 잘 가늠하다.

2) 年歲(연세) : 해를 거듭하다. 곧 몇해 동안.

3) 右(우) : 이상(以上).

4) 仰(앙) : 누구의 분부인지는 분명하지 않으나 장군(將軍) 실조(實朝)가 가끔 수복사(壽福寺)에 참예(參詣)하고 영서(榮西)에게 사숙(私淑)하였던 일과, 또 건보(建保) 2년에 차(茶)와 함께 『끽다양생기(喫茶養生記)』를 헌상(獻上)한 것으로 보아 실조(實朝)의 분부라고 생각된다. 일설(一說)에는 후조우상황(後鳥羽上皇)의 분부라고도 한다.

# 제4장 질병과 양생(養生)의 법(法)

## 가. 악귀를 쫓는 방법

제이(第二)의 견제귀매문(遣除鬼魅門)이라고 하는 것은 대원수대장군의궤비초(大元帥大將軍儀軌祕鈔)에 "말세(末世 : 후세)가 되어 사람의 수명(壽命)이 백세(百歲)가 되고, 승속(僧俗)의 불교 신자도 계율을 범(犯)하는 자가 많아져서 부처의 가르침에 따르지 않고 국토(國土)는 황폐하고 사람들이 사망하기에 이르렀을 때, 요괴(妖怪)의 변화가 나타나 국토를 어지럽게 하고 여러 가지 병을 가져와 인민을 괴롭게 하여도 이에 대한 치료 방법도 없다.

의원(醫員)도 전혀 처방을 알지 못하고 오랜 병을 구제할 방법도 없으며 극(極)에 달한 피로를 풀어줄 방법도 없다.

그럴 때 대원수대장군(大元帥大將軍)의 주문(呪文)을 듣고 외우면 요괴는 물러가 흩어지고 여러 병도 순식간에 치유(治愈)될 것이다.

행자(行者)의 마음으로 이 관문(觀門)에 머물러 불도(佛道)를 닦는 자가 약간의 공덕(功德)을 더한다면 반드시 그 사람의 병은 제거될 것이다.

　요괴에 의한 병에 걸려서 삼보(三寶)에 빌어도 전혀 효험이
없으면 그 사람은 불법(佛法)을 가볍게 여기고 믿지 않게 된
다. 그런 때를 당하여는 대원수대장군에게로 돌아가 본원(本
願)을 염송(念誦)하면, 불법의 효험이 나타나서 병은 없어지
고 불법은 흥륭(興隆)하는 결과가 될 것이다. 특히 신불(神
佛)의 효험이 더해져서 깨달음을 얻을 수 있을 것이다."라고
하였다.〔약초(略抄)한 것이다.〕
　이상의 것으로써 생각해 보면 요즘 병의 모양은 곧 이와 같

일본의 와력사다정(瓦礫舍茶亭)

다. 그러므로 이 의궤(儀軌)의 인상(印相) 주문(呪文)의 술
(術)만이 이것을 구제하는 길이다.

나 영서(榮西)는 이 뜻을 체득(體得)하여 그 길을 닦아서
많은 효험이 있다.

말세(末世)의 병상(病相)은 한(寒)도 아니요, 열(熱)도
아니요, 지수(地水)도 아니요, 화풍(火風)도 아니고, 앞에서
말한 대로이다.

이러한 까닭이 있는 것을 모르는 근자의 의사들은 오진(誤
診)을 많이 하는 것이다.

### 喫茶養生記 卷下

入唐律師 榮西錄

第二遣除[1]鬼魅門者 大元帥大將軍儀軌祕鈔[2]曰 末世人壽百
歲時 四衆[3]多犯威儀[4] 不順佛敎之時 國土荒亂 百姓亡喪[5]之時
有鬼魅魍魎[6]亂國土 惱人民致種種之病 無治術 醫明無知藥方
無濟長病 疲極無能救者 爾時 持大元帥大將心呪[7]念誦者 鬼魅
退散 衆病忽然除愈 行者深住此觀門 修此法者 少加功力必除
病 復依此病 三寶[8]祈請 無其驗則人輕佛法不信 臨爾之時 大
將還念本誓[9]致佛法之效驗 除此病 還興佛法 特加神驗 乃至
得果證〔略抄〕

以之案之 近年以來之病相卽是也 卽彼儀軌有印術而已 榮西
恒得此意治之 多有驗矣 其相非寒非熱非地水非火風 是故近比
醫道人多謬矣

1) 遣除(견제) : 쫓아 없애버리다.

2) 大元帥大將軍儀軌祕鈔(대원수대장군의궤비초) : 이에 상당(相當)하는 것은 대장경(大藏經) 안에는 없다. 상효(常曉)가 초래(招來)한 불전(佛典) 중에 대원수염송의궤(大元帥念誦儀軌) 한 권이 있고, 이것을 영서(榮西)가 요해(要解)한 것으로 여겨진다. 대원수는 인도의 신으로 명왕부(明王部)의 총사(總司).

3) 四衆(사중) : 비구(比丘)와 비구니(比丘尼), 그리고 재가(在家) 신남(信男)인 우바새(優婆塞)와 재가 신녀(信女)인 우바이(優婆夷 : 優婆尼)를 아울러서 이르는 말.

4) 威儀(위의) : 계율(戒律).

5) 亡喪(망상) : 사망(死亡)하다.

6) 鬼魅魍魎(귀매망량) : 요괴(妖怪). 귀신.

7) 心呪(심주) : 주문(呪文).

8) 三寶(삼보) : 불교에서 말하는 불(佛), 법(法), 승(僧)을 말한다.

9) 本誓(본서) : 대원수대장군(大元帥大將軍)이 중생(衆生)을 제도하기 위해 맹서를 세운 본원(本願).


## 나. 다섯 종류의 질병

### ① 음수병(飮水病)

첫째 음수병(飮水病).

이 병은 맛이 진한 음식을 먹는 데에서 생긴다. 여기에는 소금기 있는 것을 먹는 것은 위험하다.

만약 뽕나무죽을 먹으면 3일이나 5일만에 반드시 효험이 나타난다. 오래도록 염교·마늘·파 따위를 피하고 먹어서는 안된다.

요괴(妖怪)에 의해 일어난 병은 반드시 비린내나는 것을 싫어하기 때문이다.


一者 飲水病[1]

此病起於喫濃味 則以鹽味爲危 若服桑粥 則三五日必有驗 永忌薤蒜葱勿食矣 鬼病必惡葷腥[2]耳

1) 飲水病(음수병) : 오늘의 당뇨병(糖尿病)에 가까운 병이다. 중국 의서 (醫書)에 소갈(消渴)이라는 것이 있어, 빈번하게 목이 마르고, 마시고 는 곧 배뇨(排尿)하고 또 목이 마르고 하는 병이라고 한다.

2) 葷腥(훈성) : 비린내나는 야채나 생선.


② 중풍(中風)

두번째는 중풍(中風)으로 수족(手足)을 마음대로 쓰지 못하는 병이다.

이 병은 냉기(冷氣)나 습기(濕氣) 때문에 일어난다. 이 병에 침을 놓거나 뜸을 뜨거나 탕치(湯治)로 치료하는 것은 위험하다.

만약 이 병에 걸린 사람이 불에 가까이 가지 않고 탕(湯)에도 들어가지 않고 다만 평상시와 같이 조용히 있으면서 바람 쐬는 것을 싫어하지 않고 음식을 보통으로 먹으면서 마음 느긋하게 치료한다면, 점차로 회복이 될 것이다.

이것도 또한 뽕나무죽이나 뽕나무탕을 복용하면 좋다.

만약 목물을 하고 싶을 때는 뽕나무탕을 끓여서 한두 통의 탕(湯)으로 행수(行水)하고, 3일이나 5일 사이에 한 번 그것

을 한다. 행수할 때는 땀을 흘리지 않을 정도로 탕(湯)을 가
감(加減)하는 것이 좋은 치료방법이다.

만약 탕기(湯氣)가 올라 땀이 나는 탕에서 목물을 하면 반
드시 식욕을 잃게 되기 때문이다.


二者 中風手足不從心病

此病起於冷氣濕氣 以針灸湯治[1]爲危 若不近火 不浴湯 只如
平體時 不厭風 不忌食物 漫漫[2]治則漸平復 是又服桑粥 桑湯 若
欲沐浴時 煎桑湯行水一桶二桶 三五日一度浴之 浴時不垂汗 是
治方也 若湯氣上 則必不食故也

1) 湯治(탕치) : 온천(溫泉) 등에 가서 병을 치료하는 일.

2) 漫漫(만만) : 느긋한 모양.


③ 불식병(不食病)

셋째는 먹지 못하는 병이다.

이 병은 냉기(冷氣)가 바탕이 되어 일어난다. 불을 가까이
하거나 목욕하기를 좋아하는 것은 위험하다.

여름이나 겨울이 같도록 몸을 서늘하게 해두는 것이 좋은
치료방법이다. 그리고 뽕나무죽이나 뽕나무탕을 복용하면 점
차로 효능이 나타나 차츰 회복된다.

만약 급하게 병을 고치고자 하여 뜸을 뜨거나 탕치(湯治)를
많이 하게 되면 회복되는 일이 없다.

이상 세 가지 병은 다 냉기(冷氣)가 원인이 되어 일어나는
것이며 또 말세(末世)의 요괴가 붙어 있기 때문이다.

뽕나무로 치료하면 반드시 효과가 있다.

결코 의심해서는 안된다.

　三者 不食病

　此病起於冷氣 好火好浴爲危 夏冬同以涼身爲妙術 又服桑粥
桑湯 漸答[1]漸平愈 若欲急差 灸治 湯治 彌增無平復矣

　已上[2]三種病[3] 皆起於冷氣 又末代鬼魅所着也 以桑木治之 必
有効 勿疑勿疑

1) 答(답) : 답하다. 효능이 나타나다.

2) 已上(이상) : 이상(以上).

3) 三種病(삼종병) : 앞에서 말한 음수병(飮水病), 중풍(中風), 불식병(不
　食病)을 말한다.


　④ 창병(瘡病)

　네번째는 창병(瘡病)에 대한 것이다.

　이 병은 수기(水氣)나 냉기(冷氣)에 의해서 생기는 것이다.
그러나 옹(癰)이나 정(丁)과 같은 악성(惡性)의 부스럼은 아
니다. 세상 사람들은 창병(瘡病)에 대해 잘 알지 못하여 악성
으로만 잘못 생각하고 있다.

　다만 냉기(冷氣)에 의해 생긴 것이므로 크고 작은 부스럼은
모두 불에 지지 않는다(뜸을 떠도 효과가 없음을 두고 이르는 말
이다). 그런 까닭에 사람들이 악성(惡性)이라고 생각하는 것
은 진실로 어리석은 일이다.

　근자에는 부스럼의 크고 작은 것을 가리지 않고 뜸을 뜨는
데 도리어 부스럼이 커진다. 부스럼이 커지면 치료가 되지 않
는다. 불에 쏘인 독(毒)은 고칠 방법이 없기 때문이다.

이 병은 물로 식히거나 돌로 식히거나 하는 것은 위험하다. 죽기로 정해진 업(業)이 어떻게 뜸 따위로 치료될 것인가. 또 죽기로는 정해지지 않은 업(業)이라면 비록 뜸을 뜨지 않았다고 해서 어찌 죽을 것인가.

뜸을 뜨지 않고도 고치는 병이 많은데 뜸을 떠서 고치는 병은 적다. 더욱 이 사정을 생각해두지 않으면 안된다.

만약 부스럼이 생기면 그 부위의 굳고 부드러움에 관계없이 그리고 그것이 효험이 있건 없건 간에 우슬(牛膝)의 뿌리를 짓이겨서 그 즙(汁)을 부스럼에 바르고, 마르면 또 바른다. 그렇게 하면 부스럼의 주변을 헐게 하는 일 없이 다만 부스럼만이 곪아 터져서 큰 일이 생기지 않는다.

이런 경우에도 뽕나무죽과 뽕나무탕을 복용(服用)하고 겸하여 오향전(五香煎)을 복용하면 좋다.


#### 四者 瘡病

此病起於水氣冷氣 而非癰丁[1]等之惡瘡 人不知而多惧矣 但起於冷氣 故大小瘡皆不負火 故人皆疑爲惡瘡 尤愚也 近年以來瘡大小俱灸則腫[2]增 腫增則無治也 火毒無能治者故也 水寒[3] 石寒[4]爲危 決定應死之業[5] 何依灸可治 不定業[6] 雖不灸何死哉 不灸治者多 灸治者少 尤可斟酌 若瘡出 則不問强軟[7] 不知善惡[8] 牛膝[9]根擣絞 以汁附瘡 乾又付 則不腫傍 只瘡許腫熟破無事矣 是服桑粥 桑湯 兼服五香煎矣

1) 癰丁(옹정) : 옹(癰)이나 정(丁) 따위의 부스럼. 정(丁)은 정(疔)과 같다. 얼굴이나 등에 생기는 악성(惡性)의 부스럼. 면정(面疔)이 그 한 가지다.

2) 腫(종) : 종기(腫氣). 부스럼.

3) 水寒(수한) : 물로 부위를 차게 하는 찜질.

4) 石寒(석한) : 돌로 부위를 차게 하는 찜질.

5) 業(업) : 불교에서 말하는 숙업(宿業). 전세(前世)의 인연(因緣)에 의
해 피할 수 없는 현세(現世)의 과보(果報).

6) 不定業(부정업) : 언제 받게 될지 결정되어 있지 않은 과보(果報).

7) 强軟(강연) : 굳고 부드러움.

8) 善惡(선악) : 효험(效驗)이 있는가 없는가.

9) 牛膝(우슬) : 풀의 이름. 쇠무릎지기. 이 풀의 뿌리가 약이 된다.

### ⑤ 각기병(脚氣病)

다섯번째는 각기병(脚氣病)에 대한 것이다.

이 병은 저녁밥을 배가 잔뜩 부르도록 먹는 데서 일어난다.
그러므로 이 병에 걸렸을 때는 밤에 음식을 먹거나 술을 마시
거나 하는 것은 위험하다.

여기에는 뽕나무죽이나 뽕나무탕을 복용하는 것이 좋다. 그
리고 고량강(高良薑)이나 차(茶)를 복용하면 치료가 잘 된다.

중국(中國)에서 새로 들어온 의서(醫書)에는 "각기(脚氣)
를 걱정하고 있는 사람은 아침에는 배가 잔뜩 부르도록 먹더
라도 오후(午後)에는 배가 차도록 먹어서는 안된다."라고 하
였다.

오래도록 정진결재(精進潔齋)하는 사람에게 각기병(脚氣
病)이 없는 것은, 이러한 일들이 잘 지켜지고 있기 때문이다.


五者 脚氣病

此病起於夕之食飽滿 若入夜食酒爲危 是又桑粥 桑湯可服 又
服高良薑幷茶 爲妙治矣 新度[1]醫書云 患脚氣人 晨飽食 午後勿
飽食云云 長齋[2]人 無脚氣病 是此謂也

1) 新度(신도) : 중국(中國)에서 새로 들어온 것.
2) 長齋(장재) : 오랫동안 정진결재(精進潔齋)하는 일. 이 경우는 포식(飽
   食)을 삼가고 식사시간을 생각하는 것.


## 다. 여러 가지의 치료법(治療法)

이상 다섯 종류의 병은 말세(末世 : 후세)의 요괴가 가져온
것이다. 그리고 이 병을 다 뽕나무로 치료한다고 하는 것은 뽕
나무는 과거의 여러 부처가 깨달음을 연 신령스런 나무이기
때문이다.

이 나무를 유목(乳木)으로 하여 호마(護摩)를 태울 때에는
요괴들도 도망쳐 버리고 재해(災害)를 제거하는 데에도 적당
한 나무다.

뽕나무 아래에는 요괴가 오지 않는다. 그러므로 이 나무가
만병(萬病)의 약(藥)이 되는 것이다.

만약 이 나무를 가지고 염주(念珠)를 만든다거나 지팡이를
만든다거나 베개를 만든다거나 하는 사람이 있으면, 하늘의
악마(惡魔)라도 그 사람을 침범할 수가 없다. 하물며 그밖의
용렬한 요괴 따위는 가까이 갈 수도 없다.

이런 까닭에 나 영서(榮西)가 이 나무에 의해 여러 가지 병
을 치료해 보니 효험을 얻지 못한 것이 없었다. 마음 있는 사
람은 충분히 이것을 알아주기 바란다.

요즘의 병은 모두 냉기(冷氣)의 침범을 받아서 생기는 것이다. 그러므로 뽕나무가 제일의 치료법이다. 사람들은 이러한 요지를 알지 못하고 젊어서 죽는 사람이 많다.

단순한 부스럼을 악성(惡性)의 부스럼이라 하고 여러 가지 병을 각기(脚氣)라고 하는 것은 바보스러운 일이다. 과대하게 병명(病名)을 붙여서 치료 방법을 모른다고 하는 것은 가엾은 일이다.

악성의 부스럼에는 약이 없다. 각기병에는 치료법이 없다는 따위의 말을 하므로 "바보스럽다, 말도 안된다."라고 말하여지는 것이다.

각기병에 치료법이 없다는 것은 요즈음에 다리가 아픈 것은 냉기(冷氣)가 그 원인이다. 그런데도 냉기를 다스리는 방법은 쓰지 않으므로 각기병은 언제까지나 치료되지 않는 것이다.

악성인 부스럼에 약이 없다는 것은 이즈음에는 악성인 부스럼 따위는 없는 것이고 다만 냉기에 열(熱)이 섞이는 것인데 그것을 지금은 악창(惡瘡) 따위로 과대하게 이름을 붙이는 것으로 치료법이 없다는 것이 되는 것이다. 이름에 의하여 부스럼이 힘을 얻어서 그 기세가 악화되는 것이다.

오로지 뽕나무로써 그것을 치료하면 저절로 효과가 나타나는 것이다. 뽕나무에 의한 치료법은 다음과 같은 것이므로, 이것에 대하여 설명하였다.

已上五種病　末世鬼魅之所致也　然皆以桑木治之者　桑樹是過去諸佛[1]成道之靈木也　以此樹爲乳木[2]護摩時　鬼魅悉退散馳走又息災法[3]相應木也　桑樹下鬼魅不來　是故此樹爲萬病之藥也

若人携此木爲念珠 爲杖 爲枕 天魔⁴⁾伺以不得侵 況諸餘下劣鬼
魅附近乎 是以榮西以此木治諸病 無不得效驗矣 有情人察之 近
年以來 病皆爲冷氣侵 故桑是第一之治方也 人不知此旨 多致天
害⁵⁾ 瘡稱惡瘡 諸病稱脚氣 幷是愚 附高大⁶⁾之名 不知所治 尤不
便事 惡瘡無藥 脚病無治 故云 愚也勿說矣 脚病無治者 近年痛
脚則冷氣故也 不用冷氣治 故脚病不可平癒 惡瘡無藥者 近年以
來無惡瘡 只是冷氣雜熱 故今名惡瘡 則無治方也 因名得力 增
氣勢故也 偏以桑木治之 自得其驗矣 桑方在左注之

1) 過去諸佛(과거제불) : 과거칠불(過去七佛)이라고 하며, 석가(釋迦)
　　이전에 출세(出世)하였다고 일컬어진다.

2) 乳木(유목) : 호마목(護摩木)을 말한다. 유즙(乳汁)이 있는 나무로 밀
　　교(密敎)에서 호마(護摩)를 태울 때의 땔나무로 하는 것. 뽕나무나 소
　　나무를 사용한다.

3) 息災法(식재법) : 재해(災害)를 털어 없애는 방법.

4) 天魔(천마) : 하늘의 악마(惡魔).

5) 夭害(요해) : 젊어서 죽는 일. 곧 요절(夭折).

6) 高大(고대) : 과대(過大)한 모양.

## ① 뽕나무죽 만드는 법

뽕나무죽을 만드는 방법이다.

검은콩 한 움큼에, 뽕나무 가지를 벤 자리 1치의 크기, 길이
3치[소지(小指) 크기 정도로 헤아리면 된다.]의 가지를 잘게 찢어
서, 콩과 함께 물 3되를 넣어[불 때는 양(量)] 이것을 삶는다.

　콩이 삶아지고 뽕나무가 달여지면 나무를 건져내고 쌀 한 움
큼을 넣어 물의 많고 적음에 따라 부죽(浮粥)이 되게 삶는다.

겨울밤이면 첫닭이 울 때쯤, 여름밤이면 한밤중에서부터 삶기 시작해서 날이 밝을 무렵에 삶기를 마치도록 한다.

공복에 이것을 먹되 소금을 치지 않고 조금씩 나누어서 먹고, 다 먹은 뒤에 반찬을 먹는다. 매일 아침 빠지지 않고 먹는다.

오래도록 삶은 것은 약이 되지만 서둘러서 삶은 것은 약이 되지 않는다. 만약 효험이 없다면 잘 삶아지지 않았기 때문이라고 생각하면 된다.

아침에 이것을 먹으면 그날 하루 동안은 갈증이 없고, 술에도 취하지 않고, 몸과 마음이 다 편안하다.

효험이 있는 것이라고 믿으면 반드시 효험이 있는 것이다. 굳은 죽으로는 효험이 없다. 이 점이 다른 것과 다르다.〔뽕나무의 가지는 그 해에 나온 것이 죽을 쑤는 데에도, 달이는 데에도 더 좋다. 그렇지 않은 것도 괜찮다.〕

## 〈一 桑粥法〉

黑豆一把 桑枝口[1]一寸長三寸〔若細指許可計〕細破 與豆俱入水三升(炊料)煮之 豆煮 桑被煎 即取木加米一把 隨水多少煮浮粥也 冬夜鷄鳴之期[2] 夏夜半以前初煮 夜明即煮畢 空心[3]服之 不副鹽 少分服 後食御菜[4]也 每朝無懈 久煮爲藥 頓煮非藥 若無效可知不熟煮也 朝食之 其日不引水 不醉酒 身心靜也 信必有驗矣堅粥無效 但不似餘物也〔桑當年生枝 粥煎共彌好之 無者亦不嫌之〕

1) 桑枝口(상지구) : 뽕나무 가지를 벤 자리.

2) 鷄鳴之期(계명지기) : 첫닭이 우는 시각. 아주 이른 새벽. 2시쯤.

3) 空心(공심) : 공복(空腹). 빈 속.

4) 御菜(어채) : 반찬.

② 뽕나무를 달이는 법

뽕나무를 달이는 방법이다.

뽕나무의 가지를 잘라 쌍륙(雙六)의 주사위와 같이 잘게 끊어서 그것을 불에다가 굽는다. 나무를 끊은 모서리가 누를 정도로 구워서 잘게 쪼개어 그것을 3되나 5되씩 부대에 넣어 둔다. 오래 둘 수록 더욱 좋다.

이것을 달일 때가 되어, 물 한 되를 목반합(木半合) 정도 안에 넣어 달여서 마신다.

굽지 않은 뽕나무 가지를 그대로 달여도 상관없다. 생목(生木)인 채로도 떫지 않다.

수기(水氣)·각기(脚氣)·악성(惡性)의 부스럼·중풍(中風) 등 모두 고칠 수 있다.

〈一 桑煎法〉

截桑枝 如雙六采[1]破燥之 木角燋許燥之割置 三升 五升可盛袋矣 久持彌好乎 臨時 水一升許 入木半合許 煎之服之 或不燥而煎服無失 生木又不苦矣 水氣[2] 脚氣 癰腫[3] 風氣[4]皆治矣

1) 采(채) : 쌍륙(雙六)에서 쓰는 주사위.

2) 水氣(수기) : 부증(浮症). 부어 오르는 병.

3) 癰腫(옹종) : 악성(惡性)인 부스럼.

4) 風氣(풍기) : 중풍(中風).

③ 뽕나무를 복용하는 방법

뽕나무를 복용(服用)하는 방법이다.

톱으로 뽕나무를 자르고, 그 때 생기는 잔 톱밥을 손으로 모아, 이것을 좋은 술에 담가서 마신다.

이것은 특히 여인(女人)의 부인병에 좋은 효과가 있다. 몸이나 뱃속의 모든 병을 낫지 않는 것이 없다.

뽕나무를 복용하는 것은 신선(神仙)의 술(術)에도 있는 것으로 믿지 않으면 안된다.


〈一 服桑木法〉

以鋸截之 屑細[1]以五指取之 投美酒飮之 女人血氣[2]又能治之 身中 腹中萬病無不差 仙術在之 不可不信矣

1) 屑細(설세) : 톱밥.

2) 女人血氣(여인혈기) : 부인병(婦人病).


④ 뽕나무를 입에 머금는 방법

뽕나무를 그대로 입에 머금는 방법이다.

이쑤시개와 같이 뽕나무를 깎아서 늘 이것을 입에다 머금고 있으면 입에 병이 걸리지 않고 이에도 좋다. 입 안에 좋은 향기가 있어 악마(惡魔)가 가까이 오지 않는다.

말세(末世)의 의술(醫術)로서 이것이 최상(最上)이다.

뽕나무의 뿌리로 이것을 만들면 더욱더 좋다. 땅밑 3자 들어간 데의 것이 가장 좋다. 땅 위에서 가까운 데의 것은 독(毒)이 있는데 땅 밑의 것은 결코 독이 없다.

입이나 눈이 비뚤어지는 병이 모두 낫는 것은 세상에 두루 알려진 바이다.

〈一 含桑木法〉

如齒木[1]削之 常口含之 口無病 齒無失 口常香 魔不附近 末代
醫術何事如之哉 以根作 彌好 土下三尺入者妙也 土上自有毒
土下偏無毒矣 口喎[2] 目喎皆治直也 世人皆所知也

1) 齒木(치목) : 이쑤시개.

2) 口喎(구와) : 입이 비뚤어지는 병.


⑤ 뽕나무 베개 만드는 법

뽕나무 베개 만드는 방법이다.

상자(箱子)처럼 만들어서 베개로 사용하는 것이 좋다.

이것을 베개로 삼으면 두통(頭痛)이 생기지 않고, 악몽(惡
夢)을 꾸지 않고, 요괴(妖怪)가 가까이 오지 않으며 눈도 밝
아질 것이다.

효능이 많으므로 이루 다 설명할 수가 없을 정도다.


〈一 桑木枕法〉

如箱造之 可用枕 枕之則無頭風[1] 不見惡夢 鬼魅不附近 目明
乎 功能[2]多不能註進[3]之

1) 頭風(두풍) : 두통(頭痛). 머리가 아픈 병.

2) 功能(공능) : 효능(效能).

3) 註進(주진) : 설명을 다하다.


⑥ 뽕잎을 복용하는 법

뽕잎을 복용(服用)하는 방법이다.

4월초(四月初)에 뽕나무 잎을 따서 그늘에다 말린다. 초가

을 9월에 잎이 3분의 2가 떨어지고 3분의 I이 남아 있는 가지
의 잎을 따서 이것도 그늘에 말린다.

분말(粉末)로 만드는데 차(茶)와 같게 하고, 복용할 때에도
차의 방법과 같게 한다.

그렇게 하면 뱃속의 병이 생기지 않고, 몸도 가볍고 마음도
상쾌하다.

4월엽(四月葉)과 9월엽(九月葉)은 저울로 등분(等分)으로
헤아려서 복용(服用)한다.


〈一 服桑葉法〉

四月初 採影干 秋九月 三分之二落 一分殘枝採 又影干 末¹⁾如
茶法 服一如茶法服之 腹中無疾 身輕心利²⁾ 四月葉 九月葉 等分
以秤計之

1) 末(말) : 분말(粉末). 가루.

2) 心利(심리) : 마음이 상쾌하다.


⑦ 뽕나무 오디 먹는 법

뽕나무 열매(오디)를 복용하는 방법이다.

익었을 때 뽕나무의 열매를 따서, 햇볕에 말려 가지고 가루
를 만들어 꿀로 반죽하여 오동나무 열매 크기로 환(丸)을 지
어, 공복(空腹)일 때 술과 함께 30알을 먹는다.

매일 계속하여 오래도록 복용하면 몸이 가벼워지고 병이 없
어진다.

〈一 服桑椹[1]法〉

熟時收之 日乾爲末 以蜜丸桐子[2]大 空心酒服卅丸 每日長服
身輕無病云云

1) 桑椹(상심) : 뽕나무의 열매, 곧 오디. 심(椹)은 심(葚)과 같다.

2) 桐子(동자) : 오동나무의 열매.


⑧ 고량(高良)땅의 생강 복용법

고량강(高良薑)을 복용(服用)하는 방법이다.

이 약은, 송국(宋國)의 고량군(高良郡)에서 생산되는 생강
으로 만든다. 중국(中國)·거란(契丹)·고려(高麗)에서는
모두 이것을 귀중하게 여긴다.

말세(末世)의 묘약(妙藥)은 다만 이것뿐이다. 근래의 만병
(萬病)을 치료하기 때문이다.

이것을 잘게 분말로 하여 일전(一錢) 정도의 한 숟가락을
술에 넣어서 복용한다. 술을 끊은 사람은 탕(湯)으로 복용하
거나 달여서 마신다. 단지 그 방법은 효능이 적다.

미음에 섞어서 복용하는 것도 좋을 것이다.

그 분량의 많고 적은 것이나 시간적으로 더디고 빠른 것은
반응(反應)에 의하여 기약하게 되는 것이다.


〈一 服高良[1]薑法〉

此藥大宋國高良郡之薑也 大國[2] 契丹[3] 高麗同貴重之 末世妙
藥只是計也 治近來之萬病故也 細末之 一錢[4]投酒服之 斷酒人以
湯服之 又煎服之 但用力弱 米飮和[5]服 皆好乎 多少遲速答[6]爲期

1) 高良(고량) : 중국 광동성(廣東省)에 있는 고을의 이름.

2) 大國(대국) : 중국(中國). 곧 대송국(大宋國).

3) 契丹(글단) : 거란, 글안. 동호(東胡)의 한 종족(種族). 송대(宋代)에
   는 하북(河北) 산서(山西)의 북부에서 만몽(滿蒙)에 걸쳐 있던 유목
   수렵 민족. 야율아보기(耶律阿保機)가 여러 부족을 통일하여 후진(後
   晉)시대에 국호(國號)를 요(遼)로 고쳤다.

4) 一錢(일전) : 무게의 단위. 1량(一兩)의 10분의 1.

5) 和(화) : 섞다.

6) 答(답) : 반응(反應).


### ⑨ 차를 마시는 방법

차(茶)를 마시는 방법이다.

백탕(白湯)〔그냥 끓인 맹물을 말한다〕이 지극히 뜨거우면 차
(茶)를 조절하여 마신다.

전(錢) 크기 만큼의 숟가락으로 둘이나 셋 정도가 좋지만
많고 적은 것은 뜻에 따른다. 다만 탕(湯)의 양은 적은 것이
좋지만 이것도 또한 뜻에 따른다.

특히 진한 차가 맛이 있다. 식사를 하거나 술을 마신 뒤에
차를 마시면 소화(消化)가 잘 된다.

목이 마를 때 다른 탕(湯)을 마시지 말고 한결같이 차를 마
시도록 하라. 목이 마를 때 뽕나무탕이나 차를 마시지 않으면
이런 저런 병에 걸린다.

차의 효능에 대하여는 지금까지 이미 서술하여 마쳤다. 이
차는 하늘의 신령들이 더없이 좋아하는 것이다. 그러므로 제
신(諸神)에게 공물(供物)할 때에는 차를 바친다. 차를 바치지
않으면 공물은 끝나지 않은 것이다.

송(宋)나라 사람이 노래하기를 "역신(疫神)은 수레에서 내려 차나무에 예의를 표한다."라고 하였다.

그러한 까닭에 『본초습유(本草拾遺)』〔책의 이름이다〕에는 "목마름을 멈추고 역병(疫病)을 없앤다."라고 쓰여 있다.

차는 얼마나 귀한 것인가. 위로는 신령과 여러 하늘의 신들의 경계(境界)와 통하고, 아래로는 포식(飽食)하여 침해(侵害)된 사람들을 구(救)하는 것이다.

다른 여러 약들은 오직 한 가지 병에만 각각 그 효능이 있지만 차는 모든 병에 효능이 있는 약인 것이다.


〈一 喫茶法〉

白湯[1]〔只沸水云也〕極熱點服之 錢大匙二三匙 多少隨意 但湯少好 其又隨意云云 殊以濃爲美 食飯飮酒之次 必喫茶消食[2] 引飮[3]之時 勿飮他湯 偏可喫茶也 引飮時 桑湯 茶湯不飮則生種種病 茶功能 上已記畢 此茶諸天[4]嗜愛 仍供天等時 獻茶 不供茶則其法不成就矣 宋人歌云 疫神捨駕[5]禮茶木 是故本草拾遺[6]云〔文之名也〕止渴除疫云云 貴哉茶乎 上通神靈諸天界 下資[7]飽食侵害之人倫矣 諸藥唯主一種病 各施用力[8]耳 茶爲萬病之藥而已

1) 白湯(백탕) : 물 그대로를 끓인 것. 백비탕(白沸湯).

2) 消食(소식) : 먹은 것을 소화(消化)시키다.

3) 引飮(인음) : 마실 것이 당기다. 갈증(渴症)을 느끼다.

4) 諸天(제천) : 하늘의 모든 신령(神靈).

5) 駕(가) : 멍에. 곧 탈 것. 수레.

6) 本草拾遺(본초습유) : 당대(唐代)의 진장기(陳藏器)가 찬(撰)한 책의 이름.

7) 資(자) : 구(救)하다.

8) 用力(용력) : 효능(效能).

## ⑩ 오향전(五香煎)을 만드는 방법

5가지 향을 분말로 복용하기 위해 만드는 방법이다.

첫째는, 청목향(靑木香)〔1량(一兩)〕. 그 성질은 쓰고 맵다.

둘째는, 침향(沈香)〔1푼(一分)〕. 그 성질은 쓰고 맵다.

셋째는, 정자(丁子)〔2푼(二分)〕. 그 성질은 쓰고 맵다.

넷째는, 훈륙향(薰陸香)〔1푼(一分)〕. 그 성질은 쓰고 맵다.

다섯째는, 사향(麝香)〔약간 넣는다. 이 향(香)은 대열(大熱)이므로 많이 넣지 않는다〕. 그 성질은 쓰고 맵다.


〈一 服五香煎[1]法〉

一者 靑木香〔一兩〕其性苦辛

二者 沈香[2]〔一分〕其性苦辛

三者 丁子[3]〔二分〕其性苦辛

四者 薰陸香[4]〔一分〕其性苦辛

五者 麝香[5]〔少少 大熱故不多加之〕其性苦辛

1) 五香煎(오향전) : 다음 다섯 가지의 향(香)을 분말(粉末)로 하여 섞어서 복용하는 것.

2) 沈香(침향) : 열대산(熱帶産)의 향목(香木).

3) 丁子(정자) : 열대산의 향목(香木).

4) 薰陸香(훈륙향) : 향목(香木)의 이름.

5) 麝香(사향) : 사슴의 일종으로 그 배에 달린 달걀 크기의 덩어리인 피선(皮腺)을 향료(香料)로 쓴다.

⑪ 오향전을 분말로 만들어 복용한다

위에서 열거한 다섯 가지 종류의 향(香)을 함께 섞어 분말 (粉末)로 만들어서 매일 복용(服用)한다.

무게 1전(一錢) 정도 들어갈 크기의 숟가락 하나 가득하게 쪄서 탕(湯)에 넣어서 복용한다. 혹은 이 다섯 종류의 향(香) 을 달여서 복용하는데 그 효능이 적다.〔분말(粉末)로 하지 않고 그대로 달이는 것을 말한다.〕

다섯 종류의 향을 섞는 뜻은 청목향(靑木香)을 복용하기 쉽 게 하기 위해서다. 또 다만 청목향을 복용한다고 하는 뜻은 심 장(心藏)을 치료하기 위해서다.

나 영서(榮西)가 중국(中國)에 있을 때 천태산(天台山)에 서 명주(明州)로 여행하였는데 그때가 6월 10일이었다. 기후 는 더할 수 없이 덥고 사람들은 숨이 막힐 정도였다고 할까.

그때 숙사(宿舍)의 주인이 조자(銚子)를 들고 정자(丁子) 의 향(香)을 8푼(八分) 정도 넣고, 거기다가 물을 부어서 조 자(銚子)를 가득 채웠다. 그리고 오랫동안 이것을 달이는 것 이었다.

이것이 무엇에 필요한 것인가를 알지 못하였다. 다 달인 다 음 찻잔에다가 달인 것을 담아 가지고 와 나에게 주면서 마시 라고 하는 것이었다.

그러면서 주인은 말하기를 "법사(法師)여, 당신은 이 더위 에 먼 길을 오셨습니다. 필경 땀을 많이 흘려서 불쾌하실 것입 니다. 그래서 이 약(藥)을 마시게 하는 것입니다."라고 하는 것이었다.

불을 땔 때 정자를 한 되로 한다면 그 물은 한되 반 정도였
는데 내가 받은 것은 그 달인 약 2홉(合) 정도였다.

이것을 마신 뒤에는 신체가 서늘해지고 기분이 상쾌해졌다.
이에 의하여 지극히 더울 때에는 능히 서늘해질 수 있고, 지극
히 추울 때에는 능히 따뜻해질 수 있는 것을 알 수 있었다.

이 다섯 종류의 향은 그 하나씩이라도 각기 이러한 효능이
있는 것을 알지 않을 수 없는 것이다. 겨울의 계절에도 또한
마찬가지다.

오향전(五香煎)의 효능은 차(茶)와 같다. 그러므로 이것을
복용하는 것이 좋다. 만약 오향(五香)이 아무래도 갖추어지지
않는다면 다만 한 종류라도 복용하는 것이 좋을 것이다.


右五種同時和合 末每服 一錢[1]沸湯點服 或煎服 其用弱〔不末
只煎〕五香和合之志 爲令服靑木香也 或只靑木香服之意 治心
藏也 榮西昔在唐時 從天臺[2]到明州[3]時 六月十日也 天極熱
人皆氣絶乎 于時店主取銚子[4] 盛丁子八分 即添水滿銚子 良久
煎之 不知何要乎 煎了 茶蓋之大滴[5]入 持來與榮西令服 稱
法師 天熱之時 遠涉路來 汗多流 恐有不快 仍與令服也云云 假
令炊料[6]丁子一升 水一升半歟 煎只二合許也 其後身涼 心地清
潔也 以知大熱之時能涼 大寒之時能溫也 此五種隨一有此德
不可不知矣 冬月到亦同前云云 五香煎德與茶同 仍可服之 五
香不愍足[7]者 隨一[8]可服歟

1) 一錢(일전) : 무게 1전(一錢) 정도 들어갈 만큼의 숟가락 가득하게.

2) 天臺(천태) : 천태산(天台山).

3) 明州(명주) : 지금의 절강성(浙江省) 영파시(寧波市).

4) 銚子(조자) : 술을 담아 술잔에 붓는 기구(器具). 주전자와 같은 것.

5) 大滴(대적) : 조자(銚子)에다 달인 것.

6) 炊料(취료) : 불을 때어 달이는 양(量).

7) 憨足(구족) : 다 갖추어지다.

8) 隨一(수일) : 한 가지만이라도.

# 제5장  발문(跋文)

　이상으로 말세(末世)의 양생(養生)의 기록을 부처의 가호(加護)를 받아 하나 하나 상세하게 기록하여 마쳤다. 이것은 오직 중국(中國)에서 받은 구전(口傳)에 의한 것으로서, 내 마음대로 쓴 것이 아니다.

　이러한 방법에 의해 모든 병이 치료되는 것은 다음의 것을 보면 틀림이 없을 것이다.

　대체로 뽕나무는 선약(仙藥)이다.

　선인(仙人)에는 두 종류의 선인이 있다. 그 하나는 고행선(苦行仙)이요, 그 둘은 복약선(服藥仙)이다.

　고행선이라고 하는 것은 음식의 맛을 끊고, 한 알의 쌀이나 한 알의 좁쌀 따위를 먹으면서 오래도록 목숨을 살리는 것이다.

　복약선이라고 하는 것은 이런 저런 약을 복용하여 오랫동안 목숨을 보전하는 것이다. 그 가운데 뽕나무를 복용하는 선인이 능히 오랫동안 보전한다.

　상술(上述)한 뽕나무에 의한 치료법이 그밖의 치료법들보다도 우수하다고 하는 것은 그것이 선약(仙藥)이기 때문이다.

已上末世養生記 蒙佛加被 ──記錄畢 是唯依大國<sup>1)</sup>口傳<sup>2)</sup>非
自由之情 以此方治諸病 見之無相違乎 抑桑木是仙藥也 仙人有
二種仙人 一苦行仙 二服藥仙也 苦行仙者斷食味 服一米 一粟
等 久活命 服藥仙者 服種種藥 以久保命 其中服桑木仙 能久保
也 上件桑治方勝諸方 是依爲仙藥也

1) 大國(대국) : 중국(中國)을 말한다.
2) 口傳(구전) : 스승이 제자에게 입으로 깊은 뜻을 전하는 것. 또는 그 전
   한 문서(文書). 구결(口訣)과 같다.

## 가. 선약(仙藥)은 뽕나무가 들어간다

『증류본초(證類本草)』에는 이르기를 "뽕나무 가지를 달여
서 복용(服用)하면, 수기(水氣)·폐기(肺氣)·각기(脚氣)·
옹종(癰腫)과 아울러 풍기(風氣)를 고치고, 항상 복용하면 몸
전체의 가려움증이나 말라서 피부가 까칠까칠해지는 것을 고
치고, 또 현기증이나 기침을 고치고, 그리고 소화(消化)를 잘
시키고, 이뇨(利尿)에 효과가 있고, 몸은 가벼워지고 귀가 잘
들리고 눈이 잘 보이고, 피부에 윤기가 흐르게 하고, 그리고
입이 마르는 것을 고친다."라고 하였다.

『선경(仙經)』에 이르기를 "모든 선약(仙藥)은 뽕나무 달인
것을 손에 넣지 않으면 복용(服用)하지 않는다."라고 하였다.

먼저 뽕나무 달인 것을 복용하고 뒤에 이런 저런 선약을 복
용한다. 이것으로 보아 뽕나무는 선약의 최상이라는 것을 알
수 있지 않은가.

차(茶)와 뽕나무를 함께 복용하는 것을 보면, 둘다 귀중한

점에서는 고하(高下)의 차이가 없이 둘은 함께 선약 중에서
최고의 것이다. 이것을 마시는 것은 양생(養生)의 가장 좋은
방법이다.

　이런 것을 인용한 기록은 모두 의거하는 바가 있는 것으로
중국(中國)에 현전(現傳)하고 있는 것이다.

　만약 거기에 대하여 미심쩍게 여기는 사람이 있으면 중국에
가서 살펴보면 틀림없다는 것을 알게 될 것이다.

　이제 분부하신 뜻에 따라 기록하는 것은 이상과 같다. 뒷날
이 기록을 고쳐 써서는 안된다.

끽다양생기(喫茶養生記) 권하(卷下)


　승원(承元) 5년(五年) 신미(辛未) 정월(正月) 3일(三日)
무언행법(無言行法)을 하던 때, 스스로 붓을 잡아 삼가 이것
을 쓰다.

권율사(權律師) 법교상인위(法橋上人位) 영서(榮西)


本草[1]云 煎桑枝服 療水氣 肺氣 脚氣 癰腫 兼風氣 常服 療遍
體[2]風痒[3] 乾燥[4] 又治眼暈[5] 嗽[6] 又消食利小便 身輕 耳目聰明
令人光澤 又療口乾[7]矣 仙經云 一切仙藥不得桑煎 則不服云云
先服桑煎 後服諸仙藥 以知桑是又仙藥之上首乎 茶與桑竝服 貴
重無高下 二俱仙藥之上首也 養生之妙術也而已 此等之記錄皆
有所 又稟承在大國乎 不審之輩 到大國詢之 無隱歟 今依仰之
旨錄上 後時不改章矣

喫茶養生記 卷下

承元五年辛未正月三日 無言行法[8]之次 自染筆謹書之

權律師[9] 法橋上人位[10] 榮西

1) 本草(본초) :『증류본초(證類本草)』를 말한다 30권(卷). 송(宋)나라
   당신미(唐愼徽)의 찬(撰). 송(宋)・금(金)의 양각(兩刻)이 있는데 송
   대(宋代)의 것을 대관본초(大觀本草)라 하고, 금대(金代)의 것을 정화
   본초(政和本草)라 한다.

2) 遍體(편체) : 몸뚱이 전체(全體). 전신(全身).

3) 風瘁(풍양) : 가려움증.

4) 乾燥(건조) : 말라서 피부가 까칠까칠한 모양.

5) 眼暈(안운) : 현기증.

6) 嗽(수) : 기침.

7) 口乾(구건) : 입이 마르다.

8) 無言行法(무언행법) : 무언행(無言行). 또 무행계(無行戒)라고도 한다.
   무언(無言)을 행하는 일종의 불법(佛法).

9) 權律師(권율사) : 승원(承元) 5년은 정율사(正律士)가 아니고 엄밀하
   게는 권율사(權律師)였다.

10) 法橋上人位(법교상인위) : 승위(僧位) 팔계(八階) 중의 하나로 율사
    에게 주어진다.

# 제2부 차와 건강

1. 녹차

2. 커피

# I. 녹 차

동양에서는 4천년 전부터 차를 마시기 시작했다고 전한다.

우리나라에서도 1,100여년 전 신라시대 때 중국으로부터 차가 전래되어 신라 말기와 고려시대에 차문화가 성행했다고 한다. 그후 조선조에서는 다소 후퇴하였으나 근세에 와서 다시 전통문화 계승의 붐으로 인하여 차의 생산도 확대되고 차문화도 확산되어 동양의 차에 대한 인식이 차츰 활발해지고 소비량도 점차 증가하고 있다.

녹차는 옛부터 장수의 묘약이며 양생(養生)의 선약(仙藥)으로 알려져 왔다. 그러나 차는 상류사회에서 즐기는 기호식품으로 일반서민과는 거리가 멀었다.

근래에 접어들어서 우리 차가 생산되고 그의 보급도 활발해져 여러 곳의 차밭도 확대되고 생산도 늘었으며 소비도 확산되었다.

## 차의 영양성분

〈일본식품표준성분표〉자료

| 성분 \ 종류 | | 가루차(2g) | 녹차(2g) | 우롱차(2g) | 홍차(2g) | 커피(2g) |
|---|---|---|---|---|---|---|
| 단백질 | | 0.6 | 0.1 | | 0.2 | 0.2 |
| 지질 | | 0.1 | 0 | 0 | 0 | 0 |
| 섬유질 | | 0.2 | 0 | 0 | 0 | 0 |
| 당질 | g | 0.6 | 0.1 | | 0.2 | 0.2 |
| 탄닌 | | 0.2 | 0.07 | 0.03 | 0.1 | 0.06 |
| 다소 | | 0.06 | 0.02 | 0.02 | 0.05 | 0.04 |
| 칼슘 | | 8 | 2 | 2 | 2 | 3 |
| 철 | mg | 0.3 | 0.1 | 0 | 0 | 0 |
| 칼륨 | | 54 | 18 | 13 | 16 | 55 |
| 인 | | 7 | 1 | 1 | 3 | 4 |
| 비타민A | IU | 320 | 0 | 0 | 0 | 0 |
| 비타민B1 | | 0.01 | 0 | 0 | 0 | 0 |
| 비타민B2 | μg | 0.03 | 0.03 | 0.03 | 0.01 | 0.01 |
| 비타민C | | 1 | 4 | 0 | 0 | 0 |
| 카로틴 | | 580 | 0 | 0 | 0 | 0 |

서양의 커피와는 달리 동양의 차는 엄격한 격식과 문화를 담아내고 있다. 현대에 와 생활의 여유가 생기면서 전통차의 격식과 문화도 많이 재현되고 있다.


## 녹차의 효능

녹차를 마시면 암의 억제 효과가 있다고 한다.

일본의 암연구센터에서 발표한 바에 따르면 하루 10잔 이상의 녹차를 마시면 폐암에 걸릴 확률이 64%나 감소되었고 대장암은 52%, 간암은 45%, 위암은 20%의 감소율을 나타냈다고 했다.

또 뇌혈관성 치매나 알츠하이머형 치매를 예방할 수 있다고 발표했다.

현대 과학으로 분석한 차의 화학성분
〈한국산 녹차류의 화학성분〉                    〈식품공업협회〉

| 차종류 / 성분 | | 폴리페놀 | 카페인 | 비타민C | 아미노산 | 조지방 | 조섬유 | 엽록소 | 회분 |
|---|---|---|---|---|---|---|---|---|---|
| 1번차 | 덖음 | 0.71 (%) | 2.2 (%) | 454 (mg) | 5.3 (%) | 1.26 (%) | 7.7 (%) | 357 (mg) | 5.0 (%) |
| | 증제 | 10.68 | 2.2 | 476 | 5.3 | 1.45 | 7.4 | 399 | 5.0 |
| 2번차 | 덖음 | 11.76 | 2.03 | 380 | 2.5 | 1.47 | 8.9 | 303 | 5.8 |
| | 증제 | 11.73 | 2.04 | 406 | 2.4 | 1.50 | 8.2 | 337 | 5.3 |
| 3번차 | 덖음 | 12.73 | 1.81 | 405 | 2.2 | 1.57 | 10.0 | 330 | 5.8 |
| | 증제 | 12.43 | 1.93 | 425 | 2.2 | 2.54 | 10.6 | 337 | 5.3 |
| 4번차 | 덖음 | 12.4 | 1.79 | 320 | 1.8 | 2.35 | 10.5 | 340 | 4.5 |
| | 증제 | 12.3 | 1.48 | 350 | 1.9 | 2.35 | 11.1 | 467 | 4.6 |

  뿐만 아니라 녹차의 떫은 맛을 내는 카테킨 성분은 인체에 이로운 HDL-콜레스테롤은 상승시키고 인체에 해로운 LPL-콜레스테롤은 감소시키는 효과도 있다고 한다.
  또 녹차는 피부 미용에도 좋아 피부노화를 예방하고 기미나 주근깨의 형성도 막아 준다.
  고혈압환자의 혈압을 낮춰주는 효과도 있으며 노화억제 효과나 전자파 방어의 효과와 알레르기 억제, 당뇨병의 혈당치 저하효과, 식중독 예방, 알콜이나 담배 해독작용 등 다양한 약효가 있다고 알려져 있다.
  위의 표는 녹차의 화학성분표이다.


## 녹차를 우려 마시는 방법

  녹차를 우릴 때 차의 성분은 계절에 따라 다소 변화가 있다.
  보통 첫물차는 아미노산이 많아 감칠맛이 강하고 두물차나 세물차는 카테킨이 많아 떫은 맛이 강하다. 너무 뜨거운 물로

차를 끓이면 떫은 성분이
너무 빨리 우러나 떫어지
고 낮은 온도의 물로 우려
야 감칠맛이 있게 된다.
　차는 종류에 따라서 물
의 온도를 조절하여 맛있
는 차가 되도록 한다.


녹차를 우려내는 법
　덖음 녹차는 모형이 곡
형으로 되어 찐차에 비해
물을 흡수하는 시간이 더
걸린다. 보통 1분 30초 정
도 우려내는 것이 적당하
다. 그러나 일반 녹차는 1
분 정도 우려낸다.


〈가공된 현대 녹차를
　우려내는 법〉
　①먼저 물을 충분히 끓
　　인 후 식힘 그릇에 붓
　　는다. 〈그림참조〉
　②차를 우려내는 통에
　　차를 5인 기준으로

10g 정도 넣는다.

③차를 우려내는 통에 60~70℃로 식힌 물을 붓고 1~1분 30초 정도 우려낸다.

④차의 익힌 물을 식히는 그릇에 따라 농도가 고르게 하고 찌꺼기를 가라앉힌다.

⑤차를 각 찻잔에 8부 정도 높이로 고르게 따라서 마신다.


## 차의 요리와 이용법

◎차밥 : 엽차나 덖음차를 끓여낸 물로 지은 밥이다. 식욕이 없어 밥을 먹기 싫을 때 먹으면 좋다. 식욕이 돋고 소화도 잘 되며 체력이 저하되었을 때 효과가 있다.

◎차죽 : 차죽은 흔히 흰죽으로 여기는 쌀죽에 차가 들어있 는 것을 뜻한다.

맛이나 진가를 알지 못하는 자는 별 볼일 없게 여기지만 일 단 먹어보고 맛을 들인 사람은 반드시 다시 찾는다.

옛날에는 환자나 노약자의 병관리를 위해, 또는 멀리 길을 떠나는 사람을 위해 쑤어 주었다고 한다.

죽을 쑤기 시작할 때 서너 숟가락 분량의 녹차를 넣으면 차 의 향기가 그윽하게 나고 먹는 사람의 구미도 돋궈준다. 죽이 다 되면 녹색의 차색이 짙어지고 쌀알들은 흰옥 같이 보여 식 욕을 한층 증진시킨다.

이러한 차죽은 바다 건너 일본에서는 오래전부터 이용되어 왔고 특히 중국에서는 옛부터 발달되어 왔다.

◎차술 : 녹차잎 100g, 얼음사탕 400g을 과일주 담는 용기에

넣고 술 1.8 *l* 를 부은 후 서늘하고 침침한 곳에 둔다.

4~5일이 지나면 술에서 차잎의 색이 나며 말차와 같은 향기가 난다. 색깔이 점점 짙어지면 차잎은 1주일 안에 꺼낸다. 향기가 중요한 것으로 술을 좋아하지 않는 가정에서는 한꺼번에 많이 만들지 않는 것이 좋다.

차의 정기를 함유한 차술은 밤의 활력과 기력을 살리는 효과가 있다.

◎녹차티백 : 소주를 마실 때는 녹차티백 2개를 넣으면 녹차의 향기가 있을 뿐만 아니라 소주의 독을 해소해 주는 효과도 있으며 입안에서도 부드럽다.

2홉 들이 소주에 2개의 녹차티백을 넣어서 흔든 다음 마시거나 작은 주전자에 티백을 넣고 소주를 부은 뒤 잠깐 두었다가 차잎의 성분이 우러나오게 한 뒤에 마시면 녹차티백의 향과 색이 우러나서 향기로운 차술이 된다.


## 그밖의 차들

### 〈생강차〉

책상에 앉아 하루종일 일하는 사무원이나 여름에 냉방에서 일하는 남녀, 또는 운전사들이 함께 겪는 고통은 신경통이나 한냉증 같은 것이다.

이 사람들은 하루종일 앉아 있게 되므로 혈액순환이 잘 되지 않고, 이뇨도 순조롭지 않다. 또 수분이 체내에 남아 있는 상태에서 냉기가 가해지면 신체의 한기를 촉진시켜 신경통을 일으킨다.

신경통이 있으면 제일 먼저 세워야 할 대책은 이뇨작용을
촉진함으로써 위에 남아 있는 수분을 제거하여 몸을 따뜻하게
하고 신체에 활력을 주는 것이다.

생강차가 바로 이런 효능을 가지고 있다.

만드는 방법은 간단하다.

생강 100g을 잘게 쪼개 900cc의 물속에 넣고 30분간 끓인다.

구토가 일어날 때 뜨거운 물에 생강즙을 넣고 꿀을 첨가해
마시면 구토가 멎는다. 배가 차서 동통이 있을 때도 효과를 발
휘한다.

혈액순환이 잘 되지 않고 몸이 뻐근하며 얼굴에 광택이 없
는 사람을 일컬어 한방에서는 '수기(水氣)'라고 한다.

이런 상태가 되면 홀몬의 작용이 늦춰진다. 또 여성의 경우
는 생리불순 및 생리통이 심해진다.

항상 머리가 무겁고, 어깨가 뻐근하며, 초조하고, 힘이 들 때
에는 생강차를 마시면 좋아진다.

〈국화차〉

고혈압이 있으면 어지러움증과 두통, 어깨가 쑤시는 것 등이
뒤따른다. 이런 증상을 일으키는 원인은 바로 '간'이다. 이것
은 간에 열이 있다는 뜻으로 간의 열을 내려주는 방법은 혈압
상승을 방지하는 것이다.

가을에 얼마 오래되지 않은 백색이나 혹은 황색의 국화를
따서 서늘한 곳에서 건조시킨다. 병에 4~5송이의 건조시킨
국화를 넣고 끓는 물을 부은 후 3~4분 정도 지나면 찻잔에

따라서 마신다. 차잎과 함께 마셔도 좋다. 차잎은 이뇨작용이 있어 고혈압 치료를 도와주기 때문이다. 매일 오전, 점심, 저녁에 I 잔씩 마시는 것이 이상적이다.

국화에는 고혈압의 치료 이외에도 눈의 저출혈 및 시력이 급속도로 쇠퇴해지는 것을 막는 효과도 있다.

눈이 피로하여 물건이 똑바로 보이지 않을 때 이것을 사용하면 정상적으로 회복될 수 있다.

고시 준비를 하는 학생들이나 책을 많이 보는 사람들은 커피나 홍차 대신 국화차를 마시는 것도 좋다.


〈영지차〉

중국에서는 일찍부터 영지를 장생불로 및 심장에 유익한 양약(良藥)이라고 하였다.

영지는 훌륭한 해독작용을 하므로 불로장생의 식물로 치며, 값도 아주 비싸다. 또한 끊임없는 연구와 노력으로 맛도 좋아지고 아울러 질병을 예방하는 방법도 개발되었다.

생강과 영지를 적당량 넣고 천천히 2시간 정도 끓인 후 차로 장복한다.


※ 이밖에도 우리의 전통차로는 인삼차, 칡차, 쑥차, 오미자차, 감잎차, 솔잎차, 대추차, 구기자차, 두충차, 마차, 쌍화차 등 많은 종류가 있다.

# 2. 커 피

### 커피의 유래

커피가 사람들에게 알려져 음료나 차로 마시게 되기까지는 여러 가지 설이 있다.

6세기경 아라비아에서 염소가 야생의 커피열매를 따먹고 흥분하는 것을 보고 먹기 시작했다는 설과 유랑하던 회교승이 굶어죽기 직전에 작은 새가 나무에 앉아 그 나무의 열매를 쪼아먹으며 요란스럽게 지저귀는 것을 보고 열매를 따먹어 보니 몸과 마음의 피로가 풀려 상쾌해졌다고 하는 설이 있다.

커피는 처음에는 일종의 생약, 즉 회교승의 미약으로 사용되어 음료로 마시지 않고 기나긴 밤기도 시간에 잠들지 않게 하는 약으로 사용되었다고 한다.

커피가 전세계에 널리 퍼져 나가게 된 것은 15세기경부터이다. 먼저 중동지방으로 퍼져 나가기 시작해서 17세기경 유럽에서는 일반적인 음료로 발전되게 되었다.

커피가 브라질에 전해진 데는 로맨틱한 사연이 있다. 커피의 최대 생산지인 남아메리카의 프랑스령 기아나를 다스리던 총독의 부인이 화려한 꽃다발 속에 커피묘목을 숨겨 잘 생긴 스

페인 연대장에게 선물함으로써 그 묘
목이 콜롬비아에 뿌리를 내리게 되었
으며 다시 최상의 재배조건이 갖추어
진 브라질로 퍼져 나갔다고 한다.

이 커피가 일본에는 1716년 네덜란
드 상인에 의해 전래되었고, 1888년
최초의 다방이 문을 열었다.

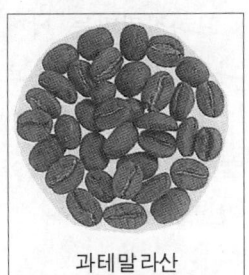
과테말라산

우리나라에서는 1895년 고종황제가
처음으로 커피를 마셨다고 전해진다.
1924년 명동 진고개에 중촌(中村)이
라는 다방을 시작으로 6 · 25사변 이
후 미군들의 주둔과 함께 널리 일반에
알려지게 되었다.

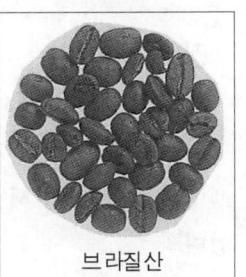
브라질산

## 커피의 3대 원종 및 특성

커피는 아라바카, 로브스타, 리베리
카 등의 3대 원종으로 구분된다.

리베리카는 생산량이 적어서 제외되
고 일반적으로 아라바카에서 분류된
마일드커피와 브라질커피, 로브스타로
구분된다.

이디오피아

마일드커피는 이디오피아 고산지대
가 원산지인데 커피향이 뛰어나고 산
미가 강하며 산출량도 많다.

킬리만자로

브라질커피는 세계 제일의 수출을 하고 있고 원두 모양은 타원형으로 부드럽고 신맛이 강하며 배합의 기초로 사용된다.

로브스타커피는 중앙아프리카 콩고가 원산지이며 아프리카 동부인도, 인도네시아, 자바 등지에서 재배되는데 쓴맛이 강한 것이 특징이다.


## 건강과 영양분

커피는 과연 인체와 어떤 상관관계가 있는가.

처음 서구에서는 커피를 단순한 기호음료로 생각했지만 카페인의 영향이 밝혀 지면서 커피에 대한 열띤 토론이 제기되었다.

커피의 효능은 소화를 촉진하고 배앓이에 효력이 있으며 가스가 찬 배를 치유한다. 두통을 누그러 뜨리고 활기를 되찾아 주며 권태에서 벗어나는데 도움을 준다.

또 쉽게 피곤을 느끼는 사람의 원기 회복에 놀라운 효력을 발휘하고 공부하는 사람이나 오래 앉아서 일하는 사람의 기분 전환에 큰 도움을 준다.

또 커피 그 자체만으로 알콜의 유혹을 물리치는데 강력한 힘을 발휘하는 대체음료가 된다. 힘든 노동을 할 때도 가벼운 술보다 한 잔의 커피는 훨씬 도움이 된다고 한다.

이처럼 커피 예찬론이 있는가 하면 그만큼 많은 반대론도 있다.

커피는 신경성 초조함, 경련, 그리고 남성무기력의 원인이 된다는 비난도 있다.

커피의 원두에는 수분, 단백질, 탄수화물, 지방, 무기질, 유기산, 카페인 등이 들어있으며 품종, 토양, 취급방법에 따라 각각의 함유량이 달라진다.

단백질, 탄수화물, 지방, 유기산은 볶는 동안 높은 열을 받아 커피의 향과 맛을 내는 알콜, 알데히드, 케톤, 에스테르, 질소화합물, 카페올 등 각종 휘발성 물질로 변한다.

당은 또 캐러멜화 반응을 일으켜 물에 잘 녹는 갈색의 물질로 변한다. 이 물질은 쓴맛을 내고 반응하지 않은 당은 단맛을 낸다.

커피에 들어있는 카페인은 냄새가 없고 쓴맛을 내는 흰분말로 물에 잘 녹는다.

카페인은 신체에 활기를 불어넣는 자극제며 약간의 이뇨작용을 하고, 지방을 분해하는 등의 각종 대사작용을 활발하게 해준다.

천식에도 효과가 있는데 카페인의 자극이 기관지의 점액성 분비물을 마르게 하고 혈관을 수축시켜 준다.

카페인은 화학적으로 차잎에 들어있는 테오필린과 유사한데 이 약은 기침을 치료하는데 쓰인다. 또한 카페인은 고통스러운 편두통을 해소하는 데도 도움을 준다.

이런 긍정적 측면에도 불구하고 의사들은 환자에게 커피를 끊으라고 권하기도 한다. 실제로 카페인은 궤양과 관계가 있으며 많은 양을 섭취할 경우에 대한 실험이 아직도 계속되고 있기 때문이다.

사람마다 카페인에 대한 민감도는 다르지만 카페인은 세포막 투과성이 좋아 조직세포와 태반, 태아에게까지 쉽게 침투

할 수 있으므로 임산부는 하루에 한두 잔만 마셔야 한다.

건강한 성인의 경우 보통 하루 5~6잔의 커피는 신체에 별다른 영향을 끼치지는 않는다.

단지 과다 섭취할 경우, 단시간에 많은 양의 커피를 계속적으로 마시면 카페니즘(불안, 초조, 불면, 두통, 설사)의 현상이 나타날 수 있다.


## 커피의 맛과 향

원두의 독특한 향을 추출하는 데는 여러 가지가 있다.

가장 기본이 되는 것은 좋은 품질의 신선한 원두를 구하는 것이다. 그리고 난 후 맛있게 만드는 방법과 피해야 할 사항들에 유의하며 커피를 끓여야 한다.

가장 중요한 것은 개인의 취향이다. 몇번의 시행착오를 거치면 자신의 커피맛을 찾을 수 있다.

우선 몇가지 주의사항들을 알아본다.

먼저 물맛이 좋아야 커피맛도 좋다.

물은 항상 깨끗하고 차가운 것을 택한다.

온수는 수도관에서 머무는 시간이 길고 금속이온이 녹아 있을 우려가 높으며 물속에 산소가 거의 남아 있지 않다.

찬물을 틀어 물을 받는데 몇초 동안 흘려보낸 후 받아야 깨끗하고 차갑다.

수돗물에서 냄새가 난다면 생수를 이용하는 것이 좋다.

다음은 커피의 양이다. 보통 크기의 커피잔으로 한 잔을 끓이려면 8g의 커피가루를 넣으면 된다. 머그잔으로 마실 경우

당연히 커피의 양도 12g으로 늘려야 한다.

또 커피가루의 입자 크기도 중요한 요소이다. 원두를 갈 때는 몇잔의 커피를 마실 것인지 정한 후 꼭 필요한 분량 만큼만 즉시 갈아서 사용한다.

원두를 갈면 콩의 기름이 가루 안으로 침투하고 표면적이 증가함에 따라 그만큼 커피의 향이 손실될 수 있다. 수동식 커피밀이나 전동 그라인더를 이용하면 즉석에서 간 신선한 커피를 즐길 수 있다.

원두를 갈기 전에 염두에 두어야 할 것은 커피 끓이는 방법에 따라 분쇄 정도, 즉 입자의 굵기를 다르게 해야 한다는 점이다. 원두를 곱게 분쇄할수록 물에 쉽게 풀어져 커피의 맛이 우러나지만 쓴맛이나 떫은 맛이 강해질 수 있다.

굵게 간 커피로 비슷한 맛을 내기 위해서는 커피의 양을 늘이거나 시간을 더 길게 해야 한다. 입자가 굵은 커피는 여과천을 이용한 드립식, 물이 솟아올라 커피 사이를 통과해 떨어지는 퍼콜레이터식에 알맞다. 중간 굵

기는 고운 모래나 곡식가루 정도의 입자를 말하며 가장 널리 쓰이고 어떤 추출법에도 이용하는 굵기이다.

　분쇄된 커피를 사려면 진공포장된 것을 고르고 되도록 적게 포장된 것을 고르는 것이 좋다. 그리고 보관은 시원한 곳에 한다. 먹고 남은 커피는 가능한 한 완전히 밀봉한 다음 냉장고에 보관하면 향의 손실을 줄이고 신선도를 오래 유지할 수 있다.

　커피를 끓이는 데 사용하는 모든 기구는 청결해야 한다. 커피에는 기름 성분이 있어서 잘 씻지 않으면 기구에 밴 고약한 냄새가 커피맛을 해친다.

　커피는 끓여서 곧 마시는 것이 좋다. 식어버린 커피는 애써 끓인 커피맛을 살리지 못하고 다시 데운 커피는 안 마시는 것이 차라리 낫다. 끓인 커피를 잠깐이라도 담아두어야 한다면 보온병을 이용하는 것이 좋다.

## 끓이는 방법

　커피는 카페오레, 하와이언 밀크커피, 중국식 밀크커피, 서인도풍 밀크커피, 커피 앤드 초콜릿커피, 에스프레소커피, 비엔나커피, 스노우커피, 카페 플라멩고, 러시안커피, 티 카페, 버터커피, 카푸치노, 스파이스커피, 스  파이스커피 카푸치노, 카페 프리덤, 모카 카리엔디, 피너츠커피, 아이스커피, 커피 플로트온더커피, 커피 샤워, 커피 밀크

셰이크, 블랙 앤드 화이트, 아이리시커피 등 24종류나 되는데 커피는 그 명칭에 따라서 끓이는 방법이 조금씩 차이가 있다.

보통의 커피를 끓일 때의 물의 양은 1인분에 140g 정도이고 온도는 90℃가 적정온도이다. 4분~5분 동안 90℃를 유지하다가 보온온도 85℃를 유지하는 것이 적당하다.

1인분의 커피용량은 8g 정도이다.

〈동서식품 홍보실 자료에서 발췌〉

시간과 공간을 초월하여
영원한 고전으로 남아질 수 있는 —

# 자유문고의 책들

## 15. 묵자
박문현·이준영 역 ●552쪽

묵자(墨子)는 '사랑'을 주창한 철학자이며 실천가이다. 묵자의 이론은 단순하지만 그 이론을 지탱하는 무게는 끝없이 크다. 묵자의 '사랑'은 구체적이고 적극적이다. 〈완역〉

## 16. 효경
박명용·황송문 역 ●232쪽

효도의 개념을 정립한 것. 공자의 제자인 증자(曾子)는 효도의 마음가짐이 뛰어났다. 이 점을 간파한 공자가 증자에게 효도에 관한 언행을 전하여 기록하게 한 효의 이론서이다. 〈완역〉

## 17. 한비자 상·하
노재욱·조강환 역 ● 상532쪽·하512쪽

약육강식이 횡행하던 춘추전국시대에 순자의 성악설(性惡說)을 사상적 배경으로 받아들여 법의 절대주의를 역설하였다. 법 위주의 냉엄한 철학으로 이루어졌다. 〈완역〉

## 18. 근사록
정영호 해역 ●424쪽

내 삶의 지팡이. 송(宋)나라의 논어(論語)라 일컬어진『근사록』은 송나라 성리학(性理學)을 집대성한 유학의 진수이다. 높은 차원의 철학적 사상과 학문이 쉽고 짧은 문장으로 다루어졌다. 〈완역〉

## 19. 포박자
갈홍 저/장영창 역 ●280쪽

불로장생(不老長生), 이것은 모든 인간의 소망이며 기원의 대상이다. 인간은 죽음을 초월할 수 있는가? 불로불사(不老不死)의 약은 있는가? 등등. 인간들이 궁금해 하는 사연들이 조명되었다.

## 20. 여씨춘추 12기 8람 6론
정영호●12기/370쪽·8람464쪽·6론240쪽

여불위가 3천여 학자와 이룩한 사론서(史論書)로 유가·도가·묵가·병가·명가 등의 설을 취함. '12기(紀), 8람(覽), 6론(論)'으로 나뉘어 선진(先秦)시대의 학설과 사상을 총망라해 다룬 백과전서.

## 21. 고승전
혜교 저/유월탄 역 ●288쪽

중국대륙에 불교가 들어 오면서 불가(佛家)의 오묘 불가사의한 행적들과 중국으로 전파되는 전도과정에서의 수난과 고통. 수도과정에서 보여주는 고승들의 행적 등을 기록한 기록문.

## 22. 한문입문
최형주 해역 ●232쪽

조선시대의 유치원 교육서라고 하는 천자문, 이천자문, 사자소학, 계몽편, 동몽선습이 수록됨. 또 관혼상제 등과 가족의 호칭법 등이 나열되고 간단한 제상차리는 법 등이 요약되었다. 〈완역〉

## 23. 열녀전
유향 저/박양숙 역 ●416쪽

역사에 큰 발자취를 남긴 89명의 여인들을 다룬 여성의 전기이다. 총 7권으로 구성되었으며 옛여성들이 지킨 도덕관을 한 눈에 볼 수 있는 교양서. 〈완역〉

## 24. 육도삼략
조강환 해역 ●296쪽

병법학의 최고봉인 무경칠서(武經七書) 가운데 두 가지의 책으로 3군을 지휘하고 국가를 방위하는데 필요한 저서이다.『육도』와『삼략』의 두 권이 하나로 합한 것이다. 〈완역〉

## 25. 주역참동계
최형주 해역 ●272쪽

『주역참동계(周易參同契)』란 주나라의 역(易)이 노자의 도(道)와 연단술(練丹術)과 서로 섞여 통하며『주역』과 연단은 음양을 벗어나지 못하며 노자의 도는 음양이 합치된다고 하였다. 〈완역〉

## 26. 한서예문지
이세열 해역 ●328쪽

반고(班固)가 찬한『한서(漢書)』제30권에 들어 있는 동양고전의 서지학(書誌學)의 대사전이다. 한(漢)나라 이전의 모든 고전을 일목요연하게 볼 수 있는 서지학의 원조이다. 〈완역〉

## 27. 대대례
박양숙 해역 ●344쪽

『대대례』의 정식 명칭은『대대예기』이며 한(漢)나라 대덕(戴德)이 편찬한 저서로 공자(孔子)와 그의 제자들이 예에 관한 기록의 131편을 수집하여 집대성한 것이다. 〈완역〉

## 28. 열자
유평수 해역 ●304쪽

『열자』의 학문은 황제(黃帝)와 노자(老子)에 근본을 삼았고 열자 자신을 호칭하여 도가(道家)의 중시조라고 했다.『열자』는 내용이 재미가 있고 어렵지 않은 것이 특징이다. 〈완역〉

## 29. 법언
양웅 저/최형주 역 ●312쪽

전한(前漢)시대 사마상여(司馬相如)의 영향을 받아 대문장가가 된 양웅(楊雄)의 문집이다. 양웅은 오로지 저술에 의해 이름을 남기고자 힘써 저술에 전념하였다. 〈완역〉

## 30. 산해경
최형주 해역 ●408쪽

『산해경(山海經)』은 문학·사학·신화학·지리학·민속학·인류학·종교학·생물학·광물학·자원학 등 제반 분야를 총망라한 동양 최고의 기서(奇書)이며 박물지(博物志)이다. 〈완역〉

| 인 지 |
|-------|
| 생 략 |

동양학총서〔41〕

## 다경(茶經)

초판 1쇄 발행　1998년 12월 5일
초판 3쇄 발행　2005년 3월 30일

해역자 : 박양숙
펴낸이 : 이준영

회장·유태전
주간·이덕일 / 기획·영업·한정주 / 편집·김경숙
조판·태광문화 / 인쇄·천광인쇄 / 제본·기성제책 / 유통·문화유통북스

펴낸곳 : 자유문고
서울 영등포구 문래동6가 56-1 미주프라자 B-102호
전화·2637-8988·2676-9759 / FAX·2676-9759
홈페이지 : http://www.jayumungo.com
e-mail : jayumg@hanmail.net
등록·제2-93호(1979. 12. 31)

정가 10,000원

※ 잘못 만들어진 책은 구입하신 서점에서 바꿔드립니다.

ISBN 89-7030-042-2 04150
ISBN 89-7030-000-7 (세트)